# 商业觉醒

左岸◎编著

民主与建设出版社
·北京·

**图书在版编目（CIP）数据**

商业觉醒：突破传统壁垒，激发你的脑和心 / 左岸
编著 . – 北京：民主与建设出版社，2024.6
ISBN 978-7-5139-4624-7

Ⅰ . ①商… Ⅱ . ①左… Ⅲ . ①企业发展－研究－中国
Ⅳ . ① F279.23

中国国家版本馆 CIP 数据核字 （2024） 第 104623 号

**商业觉醒：突破传统壁垒，激发你的脑和心**
SHANGYE JUEXING TUPO CHUANTONG BILEI JIFA NIDE NAO HE XIN

| | |
|---|---|
| 编　　著 | 左岸 |
| 责任编辑 | 王　颂 |
| 封面设计 | 孙守正 |
| 出版发行 | 民主与建设出版社有限责任公司 |
| 电　　话 | （010）59417749　59419778 |
| 社　　址 | 北京市海淀区西三环中路 10 号望海楼 E 座 7 层 |
| 邮　　编 | 100142 |
| 印　　刷 | 三河市宏顺兴印刷有限公司 |
| 版　　次 | 2024 年 6 月第 1 版 |
| 印　　次 | 2024 年 8 月第 1 次印刷 |
| 开　　本 | 710 毫米 × 1000 毫米　　1/16 |
| 印　　张 | 15.75 |
| 字　　数 | 150 千字 |
| 书　　号 | ISBN 978-7-5139-4624-7 |
| 定　　价 | 49.80 元 |

注：如有印、装质量问题，请与出版社联系。

# 前　言

在开放、互动、即时的互联网环境中，各种信息以快速、迅猛的方式冲击着我们的生活，颠覆着我们的认知，逼迫我们重新认识自我、定位自我。就商业领域而言，亦如此。

互联网时代，中国经济进入一个新台阶，传统商业模式早已很难适应当前经济的发展，很多企业难以突破瓶颈，在商业竞争中举步维艰，甚至破产倒闭。以用户体验为例，传统商业模式中，用户体验并不是一个重要的考虑因素。过去，用户通常是先认可品牌，再决定是否购买。互联网时代，用户体验至关重要，直接关系着产品的销售业绩和市场前景。可以说，用户体验是企业发展的核心价值之一。比如手机行业，华为、苹果等手机巨头，就非常重视用户体验，它们的定位和发展方向都与用户关系密切。诺基亚曾是"遥遥领先"的手机品牌，由于忽略用户体验，不考虑品牌的发展，无论如何努力和改进，都无法从根本上解决问题，在市场份额保卫战中一次又一次地失败。互联网时代，机遇与挑战并存，谁抓住机遇，谁就能在风口上高高飞起。那么，如何从传统商业模式中突围出来，迎接新的机遇呢？这就需要企业管理者具备敏锐的眼光、全新的思维，从纷繁复杂的商业中捕捉到利于企业发展的信息，然后进行及时调整和升级固有的商业模式，才能掌控好企业的发展方向，将企业做大做强。

本书分别从思维升级、决策法则、团队管理、爆品思维、盈利设计等十个方面对当下的商业环境、商业思维、商业认知进行解析。例如"盈利设计"一章中，重点讲述如何适应新的商业模式，也就是说当外部商业环境发生变化后，企业首先要调整赚钱方式，即产业链条中每一个参与者获利的方式。这种模式促使企业管理者不得不改变既有的管理模式，当市场环境、盈利模式和管理模式三者之间存在着良性互动和稳态平衡后，企业才能够持续繁荣并保持长久的发展。反之，企业则无法适应新的商业环境，继而走向衰退。

"控"是本书的核心，分两层意思：一层为掌控，另一层为调控。掌控，顾名思义，掌握企业发展的全局，利用新思维、新观念指导企业良性发展，让企业在市场竞争中不被淘汰出局，稳步实现财富增长。调控，即企业在发展中，为适应新的经济形势和商业模式，对企业及时做出相应的调整，把落后、陈旧的管理观念、营销思路、商业思维等进行升级与改造。当然，企业的发展，应以人为本，离开人的活动就无从谈及企业，更谈不上发展。这就如同面粉，把它做成各式各样的食品后，其本质仍然是面粉。所以，书中没有采取一刀切的形式，把商业行为中的传统模式全部切掉，而是保留其精髓，该调控的方面进行调控，该升级的方面进行升级。这也就决定了本书会将传统的与新型的商业思维和商业逻辑巧妙地结合到一起。

无论您是准备创业、正在创业或正在为企业的发展而苦恼，本书都能给您提供有益的帮助，让您在为事业打拼的道路上，少走弯路、少栽跟头、少碰壁。书中涉及的观点、理念、方法等均为商业控局中的底层逻辑，只要能用心掌握它们，把它们应用到实际的商业运作中，您的创业梦想就会绽放辉煌。

# 目　录

# 第一章

# 思维升级：提高自身维度，才能做到降维打击

要想让企业在市场竞争中胜出，作为管理者必须对自己的思维进行升级。在新的商业模式下，不容管理者有任何的犹豫和迟疑，如果还固守过去的商业理念和意识，将会被无情淘汰出局。因此，管理者要认清当前的商业形式，及时升级自己的商业思维。

## 企业管理，思维比能力更重要

李阳是一家知名公司的部门经理，有着丰富的管理经验和专业的技术能力，他带领的团队也是业界的佼佼者，开发的产品受到广泛欢迎和赞誉。上司对他非常满意，认为他是公司的核心人才，给予他很高的薪酬和待遇。然而李阳并不满足，他找个机会离开了公司，聚集一些志同道合的合伙人，踏上了创业的征程。

很快李阳发现，创业并不是他想象的那么简单和容易，其间遇到了很多困难和挫折。例如，产品遭到市场的冷落和竞争对手的打压，团队也出现分歧和矛盾，资金也面临着枯竭。对此，他陷入困境，不知道该如何走出去。

他开始反思自己的创业之路，发现自己犯下一个很大的错误，那就是过于依赖能力，而忽视了思维，他没有清楚地树立自己的愿景和目标，没有充分了解用户和市场，没有有效地沟通和协调团队及合作伙伴，没有灵活地调整和优化自己的产品，只是凭借自己的直觉和经验做了一些决定和行动，结果出现了眼前的窘困局面。

同时他还意识到，想要成功，需要改变思维：必须将执行者的角色转变为创业者的角色；必须将跟随者的心态转变为引领者的心态。

于是，李阳开始重新规划自己的创业计划，重新梳理自己的愿景和目标，重新分析用户和市场，重新设计产品和策略，重新组织团队和合作伙伴，重新启动创业项目。他用一种全新的思维方式，来指导自己的创业行动，激励自己的创业团队，从而吸引更多的用户。

他的努力没有白费，产品很快得到市场的认可和用户的喜爱，团队也变得更加团结和高效，资金也得到投资者的支持，公司也逐渐成长和壮大，创业梦想逐渐实现。

其实，管理公司是一项复杂而艰巨的任务，需要管理者具备多方面的能力，如沟通、决策、协调、创新、领导等。然而，能力并不是管理者成功的唯一要素，更重要的是管理者的思维方式，即管理者如何看待和处理企业中的各种问题和挑战。思维方式决定了管理者的行为和结果，更是管理者的核心竞争力。因此，管理公司或企业，思维比能力更重要，主要表现在以下三个方面：

1.思维方式影响管理者的目标和愿景

管理者的目标和愿景是企业发展的方向和动力，是管理者的信念和价值观的体现。思维方式决定了管理者的目标和愿景的高度和广度，也决定了管理者的远见和魄力。例如，有些管理者具有开放和创新的思维方式，敢于设定宏大的目标，如马斯克的SpaceX，他的愿景是让人类成为居住在多个星球上的物种。有些管理者具有保守的思维方式，只关注眼前的利益和问题，如诺基亚的前任CEO奥利拉，他的目标是维持诺基亚在手机市场的领先地位，却忽视了智能手机的崛起。显然，思维方式的不同导致了目标和愿景的差异，也影响了企业的竞争力和发展潜力。

2.思维方式影响管理者的策略和方法

管理者的策略和方法是企业实现目标和愿景的途径，是管理者智慧的体现。思维方式决定了管理者的策略和方法的灵活性和有效性，也决定了管理者的判断。例如，有些管理者具有积极的思维方式，善于制定和执行有效的策略，如乔布斯的"苹果"，他的方法是不断创新和推出突破性的产品，如iPod、iPhone、iPad等，引领了用户的需求。有些管理者具有消极的思维方式，缺乏或延迟了有效的策略，从而失去了自己的核心竞争力。显然，思维方式的不同导致策略和方法的差异，也影响了企业的效率。

3.思维方式影响管理者的态度和情绪

思维方式决定了管理者的态度，也决定了管理者的抗压性和适应性。

例如，有些管理者具有乐观的思维方式，他们能够保持积极、坚定的态度，如阿里巴巴的马云，他的态度是坚持和信念，他的情绪是快乐和激情，他曾说过："今天很残酷，明天更残酷，后天很美好，但绝大多数人都死在明天晚上，看不到后天的太阳。"有些管理者具有悲观的思维方式，容易出现消极、不稳定的态度和情绪，直接影响到企业的升级和转型。

因此，管理企业的过程中，思维比能力更重要，思维方式决定了管理者的目标和愿景、策略和方法、态度和情绪，从而影响了企业的发展和成就。当然，这并不是说能力不重要，而是说能力是思维方式的前提和补充，二者相辅相成，缺一不可。管理者应该不断提升自己的能力，更应该培养和改进自己的思维方式，以适应和引领企业的变革和创新。只有这样，管理者才能够有效地管理企业，实现企业的可持续发展和社会价值。

## 企业的权力分享并非自我削弱，而是创造更多的价值

有些管理者高能高效，是企业的"领军人"，他们掌握大权，事无巨细，哪里有难题需要解决，哪里就会出现他们的身影，他们从早忙到晚，弄得自己筋疲力尽。而他们手下的员工，工作积极性低，只等着上司分派工作，工作效率也很低。与此相反的是一些看起来不"称职"的管理者，他们把权力交给其他员工，遇到困难也很少亲自应对。但他们手下的员工，工作热情极高，业绩优异，遇到问题能及时处理，工作效率也很高。无论多聪明的管理者，能力终究是有限的，无权不揽、费尽心神的做法只会导致管理者越来越不堪重负，从而影响到企业发展。

管理者干劲满满，而员工的工作状态却表现得比较冷漠，究其原因是缺少激发员工产生工作热情的动力。如果管理者愿意把自己肩上的"重担"分给员工一些，使员工拥有一些权力，参与到一部分工作的管理中去，感受到运用权力去管理企业的成就感，员工的责任心和动力将会大大提升，工作热情也会成倍增加，企业的效益也就必然会增长。

迈克尔·戴尔花了20年的时间，把戴尔公司从一间狭小的大学宿舍，做到年销售额达到数百亿美元的电脑王国，曾被《财富》杂志评为"全球500强企业中最年轻的CEO"。戴尔公司的创始人迈克尔·戴尔一直被认为是商业奇才，但他更是一个乐于分享权力的管理高手。

迈克尔·戴尔认为，高层管理人员忽略个人权力的扩张而注重整个企业的全面发展，是一家企业取得成功的关键之一。

随着戴尔公司的发展，迈克尔·戴尔意识到越来越多的工作已经超出他的能力，他个人集权的局限性必然会导致企业的发展受到阻碍。于是他将自己分内的工作做出划分，请来托普弗加入戴尔公司，并将自己的一部分事务委托给他。此后，迈克尔·戴尔将精力放在产品、科技和企业的整体策略上，主要处理客户、媒体及其他外部事务。托普弗则专注于企业预算及日常经营等事务。两人权力分工，最后再一起处理企业各个层面的问题。1997年，迈克尔·戴尔又提拔了部门经理罗林斯，至此，戴尔公司由迈克尔·戴尔、罗林斯、托普弗三人一起联合管理。这种方法使得戴尔公司的运作系统更加完善，收益也有了更大的提高。

最能吸引全世界瞩目的是戴尔公司在股东年会上进行的权力交接，凯文·罗林斯被正式任命为戴尔公司的首席执行官，并被推选为公司的董事会成员。从此，戴尔公司开始执行"双剑合璧"的独特管理模式。在迈克尔·戴尔和罗林斯的办公室之间，只隔了一面玻璃做成的墙，连接两间办公室的门一直是敞开的，两个人甚至可以清楚地听到对方的说话声，这方便他们在工作中相互找出对方的不足，并可以在工作出现失误时一起承担责任。在权力分担上，迈克尔·戴尔主管技术与客户方面，罗林斯主管策略和经营方面。戴尔曾提出，在未征求对方意见之前，双方不得做出任何的重大决定。这种授权方式，为戴尔公司带来了巨大的收益。

针对整个公司的管理，迈克尔·戴尔推行"工作细分"的分权方法，使管理者分享权力，分工明确，整个公司员工的热情被充分调动出来，能力也被大大激发。这种权力分享的管理方法，成效显著，使得戴尔公司在电脑行业成长为巨头之一。

一个企业或公司要想在残酷的市场竞争中做大做强，管理者必须具备分享权力的理念，在具体实施中要做到以下几个方面：

1.将部分权力下放给员工

随着企业规模的扩大，管理层次增多，管理者权力增强的同时，要处理的问题和决策也会增多。管理者的能力和时间是有限的，很容易出现信息采集不及时、不准确和判断失误的情况。尤其是一些重大事务的决策，由于事情的重要性和复杂性，管理者如果收集的信息不足，或认识出现错误，做出错误的决策，必然会影响到整个企业的发展。因此，管理者要改变以往无权不管、凡事必揽的管理方式，认识到做事多不等于业绩就会好。管理者只需将部分权力"让"给员工，让员工参与到工作的决策和管理中，管理者就会有更多时间和精力去集中处理企业中的重要决策。员工拥有部分权力，能亲身参与企业的管理工作，员工与企业之间的关系就不只是雇佣关系，而转变为共同发展的合作关系。这样的话，员工就会增强对企业的责任感，工作的主动性也会大大提高，有利于工作效率的提高和企业效益的增长。

2.分工明确，有效沟通

在分享权力前，管理者要先明确授权的内容，只有明确下放的权力是哪些方面，才可以有效地在各部门之间进行分工，使员工清楚自己的权与责，然后投入到具体的工作中去。管理者要对授权的员工建立充足的信任感，不可过度越权干涉员工的具体工作，使权力的赋予变成"空头支票"。管理者可以在将权力赋予员工后，通过沟通交流的方式掌握工作进度。要注意有效沟通的方式而不是居高临下地询问，而是本着相互尊重、地位平等的原则进行讨论。另外，询问次数不要过于频繁，使员工产生管理者对自己能力不信任的感觉而影响工作。

3.授权给适合的员工

管理者要授权给适合的员工，这个"适合"的概念涵盖员工的能力、品行和对企业的忠诚度等几个方面。只有把"适合"的员工放在"适合"的岗位上，赋予其"适合"的权力，才可以真正做到人尽其才。管理者要对入选的员工的能力、工作水平等进行全面了解和综合分析后，再选出可以胜任的合格人选。

4.授权不是弃权

管理者要清楚，授权并不等于弃权。许多管理者存在着这样的误区，认为权力一旦交给员工，就意味着自己可以不管，不闻不问。实际上，对于企

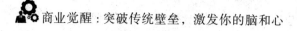

业的整体管理，管理者应该一直处于控制的状态，认识到将部分权力赋予员工，只是减少对下放权力具体事务的直接管理，而不能放弃间接管理。只有在授权后仍然对权力的具体执行有所掌控，才能及时纠正员工在管理上出现的错误。

## 调整好情绪，时刻让自己处于理性之中

管理者产生急躁的情绪是一种真实和普遍的现象。从古至今，所有负责做出决策、组织、协调和监督工作的管理者都会在某种程度上产生急躁情绪。现代社会的最大特征是快节奏，管理者身处这样的环境之中，每天都要面对各种各样的矛盾和冲突。这种压力不仅会影响到思维，还会对情感产生巨大的冲击。所以，很容易产生急躁的情绪。

产生急躁的情绪是人之常情，是内在情感的自然反应。但做任何事情的时候，都需要有一个度，必须控制和避免过度。一个优秀的管理者，应该注意加强自身修养，善于调整情绪，可以从以下几个方面入手控制急躁情绪：

1.优化领导班子的心理

在企业内部，每个成员都要按照能力互补的原则进行搭档，这样可以让整个团队保持一致的节奏、集中的精力、平和的心境和相容的心理状态。这种心理状态非常关键，能有效避免管理者产生急躁的情绪。

在领导班子的心态建设中，强调"以和为贵"。"和"在这里并不是打麻将时的"和"，打麻将时的"和"，是你赢就意味着我输的"零和"；附和的"和"，容易导致"一言堂"式的专制；和稀泥的"和"，不分青红皂白，最终大家都会觉得没干劲儿；一团和气的"和"，只会导致缺乏生机，如同一潭死水。

"和"应该是不同风格的人基于共同的信念和目标的合作，应该是每个人都能展示自己的才能，并且相互之间能够互补，共同发展；应该是重视不

同意见，敢于质疑，并且在合作中寻求共同点；应该是规则明确、制度严谨又特别富于创新精神；应该是产生凝聚力和竞争力。

追求"和"这一企业管理境界，内求团结（凝聚力），外求发展（竞争力）。对内，应充分主张"人和"，充分信任、充分倾听、充分授权、充分担当；对外，强调"竞争"，八仙过海，各显其能，这样才能真的做到内和外争、争中有和、公平有序、共存共荣、以诚相待、以信相交。

2.坚持理智原则

理智是一个人辨别是非、利害和控制自我感情、支配自己行为的能力。坚持理智的原则，就是要求管理者遇事冷静，不受情绪的影响，并拥有必要的忍耐力。理智这种心理品质正是克服和避免急躁情绪的良药。

坚持理智原则，就要求管理者首先要学会在不愉快的环境里工作；其次是要自控，要时刻注意控制急躁情绪，不要经常发脾气，不要言语伤人；最后，不受冲动性情绪的影响，因为冲动情绪对认知有一定程度的阻抑作用。

3.加强自我修养

中国传统文化历来注重自我修养，古代的先贤早在2000年前就提出"修身、齐家、治国、平天下"的思想。所谓"修身"，就是管理者不断提高自身修养，以减少意气用事造成的失误。元代吴亮在谈到北宋宰相韩琦时说："韩琦器量过人，生性淳朴厚道，从不在小事上计较。功劳天下无人能比，官位升到臣子的顶端，但不见他沾沾自喜；他所担任的责任重大，经常在官场的不测之祸中周旋，也不见他忧心忡忡。不管什么情况下，他都能做到泰然处之，不被别的情绪牵着走，一生不弄虚作假。在处事上，被重用，就立于朝廷与士大夫们之间公平议事；不被重用，就回家享受天伦之乐，一切出自真诚。"从根本上说，韩琦已经把容忍作为修身养性之本，应用于工作生活的方方面面。

管理者加强自我修养最重要的就是要树立远大目标，当你具有远大的行为目标，就具备了强烈的事业心和责任心，就可以从容大度地面对一切。

4.培养行为的计划性和条理性

作为管理者，应该时刻准备好克服急躁情绪的挑战。为了实现这一目标，可以从改变日常生活和工作习惯入手，培养宁静和稳定的心态。同时，还需要建立一套新的行为规范，以督促自己过有秩序的生活，并进行有秩序的工作。所以，首先需要培养自己的计划能力，按照事先制订的计划有条不紊地工作。其次，需要注重工作的条理性，尤其是在工作紧急而繁忙的情况下，必须避免盲目行动，不分轻重缓急，导致工作杂乱无章，更要防止急于求成，而应该有条不紊地处理事务。注意在工作和生活中保持劳逸结合的习惯，让生活和工作有节奏感，严格规定自己的生活制度和生活秩序，从而养成习惯。这样做可以形成工作的条理性和规律性，同时也能避免急躁情绪的产生。

5.善于运用制怒的方法

在工作中难免会碰到不愉快的人和事，难免会发生令人气愤的事情，难免会产生矛盾、冲突和误会。管理者遇到这些情况的发生难免会怒火中烧，培养和运用多种方法进行制怒就很有必要。常用的方法有拖延法和转移法。所谓拖延法，就是当发怒时，首先强忍下来，不做任何反应，等过了一段时间以后，再回过头来考虑和处理这件事情；所谓转移法，就是当发怒时，立即脱离发怒时的环境，转移自己的注意力，参加其他一些有益活动，最好是选择自己的业余爱好，或者是痛痛快快地去干一会儿体力活，将怒气通过这些方式发泄出去。当然，要注意选择具有积极意义的转移方式，而不要选择消极的转移方式。

## 用自己的故事提升领导地位

用自己的真实经历作为故事素材，比起随意地引用经典、大量引证，效果要更佳。因为那些从书本、报刊、文献中搜集的材料，与管理者自己的所见所闻、所感所悟相比，缺乏真实、生动。记住：听众更喜欢与管理者"零距离"沟通。著名作家毕淑敏曾做过这样一篇演讲——《领悟人生的亮色》：

知道有五个女兵要分到阿里去，许多人开始写血书，但是我没写，理由有两个：第一，我觉得很疼，现在我都不敢想象把自己的手当着他人咬破的感觉。后来我回来探家，跟父亲说写血书很可怕。父亲说，其实这里也有诀窍，事先用刀子把那个地方割破，然后现场狠狠地拿嘴一吸，血就出来了，不是生生地咬开。（全场笑，鼓掌）第二，我不想当卫生员，因为每天看到的都是病人，愁眉苦脸，不如当通信兵自在。结果奇怪的是，写了血书的都没让去，我没写血书，却被分去了……

在广袤无垠的高原上，我经过了11年的艰苦锻炼，懂得做人的责任，领悟到了真理与庄严、崇高与伟大、勇敢与坚强的内涵。人生可能有许多事情还无法选择和把握，但有一点是可以选择和把握的，那就是自己对人生的态度。只有积极地、向上地、友善地、努力地、乐观地、充满信心地去对待生活，人生才会有亮色，这也是我这段西部生活的价值……

这段演讲，毕淑敏将自己经历的故事融入其中，娓娓道来，让听众如沐春风，受益良多。管理者自己经历的故事，只要掌握了生活的根本，展现了生活的真谛，表达了生活的意义，完全可以作为故事的素材，给听众以启迪。

讲故事，经常需要说一些典型案例来支持主题。这时，完全可以结合自身实际，梳理出有价值的内容。管理者也是决策者，只要早上一进入公司，就会遭到一系列待定事务的冲击。诺贝尔奖得主丹尼尔·卡尼曼也意识到了这一点。他在著作《思考，快与慢》中指出，我们拥有很多可能会让自己走错路的认知偏差，不能过度相信直觉。因此，要想影响决策，就要改变直觉所依靠的故事。

企业管理者可以为下属打造新鲜的经历（编织故事），也可以把新鲜的经历说给他们听。没有什么比亲身经历更能打动人了。所以，要想影响下属，就要帮他们营造一种场景，让他们体验一些新鲜的、惊喜的事情，促使他们把经历变成故事。举个例子：

美国一家制造企业受到进口产品，尤其是日货的冲击。经过研究，管理层发现，日本工厂每名员工的生产率大概要比他们的员工高出40%。为了使员工提高工作效率，管理层采用了很多办法，但是工人都不信任他们。他们认为，管理层这么做并不是真的关心企业的生死，而是为了拿到更多的奖金；同时，他们也觉得自己的工作效率已经到达极限了。为了突破困境，管理层选择了10名有影响力的工人，送他们去日本的工厂考察，让他们亲眼看到工作效率上的差异。

日本工厂接待了美国团队，并向他们展示了工作高效的秘诀，就是很多员工都会在晚上工作。有一天晚上，美国团队没有提前通知就去了工厂，才真正相信日本工人工作高效的事实。让美国团队惊讶的是，夜班工人干活似乎比白班工人更努力。

美国团队回国后，将这个故事与同事分享，从而改变了自己的工作方式，调整了员工的工作时间。他们从人的身心健康出发，考虑环境的影响因素，来安排工人的工作。结果，工作效率大幅度提升。

美国著名未来学家丹尼尔·平克说："让人生存下去的不是食物，而是故事。"会讲故事、讲好故事，是管理者的重要能力，好的故事往往都能以小见大、揭示出深刻的道理。

擅长讲故事的领导总是魅力十足，很容易赢得员工的信任。通过讲故事，在轻松愉快中达到启发教育的目的。故事结束之后，怎么做大家都心领神会了。而不擅长讲故事可能会导致企业团队关系冷漠、员工士气低迷、执行力弱。

如果领导者不能亲身体验，次优的办法就是分享自己的故事。不要忽视这么做的效果。普林斯顿大学进行的实验表明，分享自己的故事能产生巨大的影响。

2010年，神经学家斯蒂芬斯、西尔伯特和哈森进行了一系列实验，发现人在听故事时，脑部活动与说故事的人一模一样。研究者这样说："讲述者和听者的大脑活动在交流过程中呈现出了广泛的同步性。"

实验开始时，一个女孩儿回忆起高中的毕业晚会。她讲述的同时，一台磁共振仪记录了她的大脑活动，她的故事也被录了下来。接着，研究人员让12名参与者一边听录音，一边测量他们的大脑活动。研究人员发现，讲故事的女孩儿大脑活动与听故事参与者的大脑活动非常一致。两者的脑波之间有一个微小的延迟，因为听者需要先听到女孩儿的话，然后才能理解她的意思。

令人震惊的是，科学家还发现，在故事的某些部分，听众的大脑活动往往会领先于讲述者的大脑活动。也就是说，听众在推测下一步会发生什么，并且预测更多的参与者在后面的理解测试中成绩也更好。那些特别具有吸引力的故事，即能够激发听众积极推测下一步会发生什么的故事，最能造成深远的影响。

人们的神经系统天生就对新鲜事物有所警惕，以免它们对我们造成危害。这是一种曾经对我们有过很大益处的本能。在进化的历程中，如果遇到不熟悉的人、动物或植物，他们可能会伤害到我们。所以，我们就会谨慎地接触这些新事物。这是一种有效的生存策略。

在商业领域中，新鲜事物可能包括新思想、新方法、新技术、新产品和新服务等。一旦遇到它们，很多人就会本能地提醒自己——谨慎！幸亏我们越多地听这些事情，就越容易认可它，甚至爱上它。知名心理学家罗伯特·扎伊翁茨把这一现象称作曝光效应。因此，讲述一系列能表明新鲜事物为何有价值的故事很可能会是一个妙策。

## 给员工创造快乐的工作环境

惠普的创始人之一休利特曾经说过："员工都有把工作做好的愿望，只要给他们一个适合的工作环境，他们就能做好。"企业生产效率最佳的群体，不是收入高的员工，而是工作心态积极的员工。每个员工都渴望被尊重，渴望得到企业的关注与赞赏，渴望企业为自己打造一个快乐的环境，并在这个快乐的环境里展现自己的才能，达成自己的人生目标。快乐的工作环境让人游刃有余，对工作特别热情；不快乐的工作环境会使人产生反感情绪，严重降低工作效率。很多公司的管理者，喜欢在公司里摆出严肃的表情，表现出一副严厉的样子，觉得只有这样才能得到下属的尊重，便于管理员工，这是一个管理上的错误。现在员工的平等意识提高了，摆出严肃的表情并不能建立真正的权威，反而会疏远员工，使员工产生越来越多的负面情绪，因此，放下高高在上的态度，努力做员工的伙伴，员工将会开心地工作，工作也会更有效率、更有创意。

1995—1999年，沃尔玛在商品销售领域取得了巨大的成功。它之所以能成功，与公司给员工提供发挥才能的工作环境是分不开的。

沃尔玛创业之初培养人才的原则是"招纳、留住、培养"，后来演变成"留住、培养、招纳"，这意味着沃尔玛更加注重给员工提供优良的发展空间，从内部培养、选拔杰出的人才。为了将这一原则落到实处，沃尔玛采取了以下措施：

首先，员工被视为合伙人，管理者与员工会建立真正的伙伴关系。沃尔玛在公司内部执行利润共享制度，这让沃尔玛的员工和公司形成了利益共同体，员工把公司的利益视为自己的利益，因此更加勤奋地工作，充分展现自己的才能，为自己和公司创造收益。

其次，沃尔玛通过公开信息和分配责任，使员工产生参与感，并提高了员工的责任感。在沃尔玛的各个商店里，员工很明确地知道该店的利润、进货、销售和降价等信息，这样员工就能知道怎么做才能给公司带来更大的收益，并主动朝着这个方向不断努力，为公司增加收益，也为个人积累财富。

最后，沃尔玛擅长利用培训机制培养人才。在沃尔玛，每个员工都有一个共同的理念，每个员工都能实现自己的价值，每个员工都能充分发挥自己的智慧，为自己和企业创造价值。为此，沃尔玛为员工提供入职培训、技能培训、岗位培训、海外培训等；为管理人员提供领导能力培训。公司总部不定期地从世界各地分公司选拔优秀人才进行培训，培训内容包括零售学、商业运作、管理、高级领导技术等，培训时间短的有数周，长的甚至达数月。

此外，沃尔玛通过换岗，让员工体验各种工作，了解企业内部的不同方面，找到适合自己的发展空间，掌握多样技能。在沃尔玛，实行公仆式领导理念，所有的管理者被称为教练。他们为员工创造良好的工作环境，进行各项培训，让员工不断迎接挑战，获得全面成长。对一些表现优秀，具有管理、销售潜力的员工，沃尔玛的管理层就会给他们提供机遇，提拔他们。

沃尔玛的平台开阔，员工的潜力得到了充分的发挥。人们惊讶地发现，一个普通的人，加入沃尔玛后通常会成为一个卓越的人才。就像沃尔玛的创始人之一的萨姆·沃尔顿所说："对员工，要像对花园的花木一样，用精神上的支持、提升和优待来滋润他们，适时地清除园中的杂草，给他们一个有利于成长的环境。"

为避免员工在工作中不思进取，管理者在给员工创造愉快的工作环境时，应注意以下几个方面：

1.给员工提供广阔的发展空间

为了员工的成长，应该给予员工更多的空间，激励员工在工作中畅谈自己的想法。工作的目的只有一个，但是达到目的的途径却有很多种，为了了解员工的心声，管理者可以安排员工进行经验交流、举办优秀员工座谈、回顾经典案例等各种活动，来互相学习，提升业务能力和技巧。企业的发展需要有一条主线，员工可以根据自己的意愿做自己喜欢的事，但是不可以偏离这条主线。制度是保证员工不偏离公司主线的保障，完善的制度不仅可以降低企业发展的风险，还可以给员工带来更大的成长空间。员工可以在允许的范围内，找到自己的人生方向，并快乐地工作，充分发挥自己的优势，为公司创造更大的价值。

2.允许员工犯错

为了让员工快乐地工作，公司应尽可能包容员工所犯的一些小错误。只有这样，才能培养出敢于创新的员工，让他们不惧失败。公司规模从小到大的成长过程中，员工会面临各种任务和挑战，公司给予的机会能让员工在实践中积累经验，也能让员工提升自我，为公司创造价值。员工犯错不是大问题，管理者要有包容和理解的心态，这样才能减轻员工的心理压力，员工也因此会更加努力。另外，管理者更要关注员工对错误的态度：员工是否能正视错误，并尽力改正；员工是否能主动分析错误，并迅速找到解决的办法；员工是否能及时改正错误，并在以后的工作中避免重蹈覆辙；等等。

3.多与员工进行沟通

与员工进行内部沟通能够更好地管理，加强管理者与员工的互动，使员工在工作中遇到的困难及时得到解决，员工就会心情舒畅，并在今后的工作中更加快乐、高效。交流、沟通是使员工团结的桥梁，是公司步调一致的保障。人力资源部应该定期走访各部门一线的员工，及时了解员工的意见和想法，并反馈给高层管理者，作为公司调整制度的依据。

## 先制造恐慌，然后再赶走恐慌

小时候很多人都听过小鹰学飞的故事：

幼鹰刚出生，没享受到几天好日子，就要跟着鹰妈妈学习飞行。在鹰妈妈的指导下，幼鹰很快就能自己在空中翱翔。但这还不够，因为这样的飞行只是比爬行强一点。幼鹰需要经历无数次的锻炼，否则就吃不到鹰妈妈嘴里的食物。

接下来，鹰妈妈会把幼鹰带到高处，或树梢或峭壁上，然后把它们推下去，如果它们胆小，就会被摔得粉身碎骨。但母鹰不会因此而放弃对它们的训练，因为它明白：没有这样的训练，孩子就不能飞向远方的天空，即使能，也会因无法捉到猎物而饿死。

最后，从峭壁上飞起的幼鹰将面临最终的、最重要的考验。正在发育的翅膀会被鹰妈妈残酷地打断，再次从高处扔下，很多幼鹰为此成为飞行的牺牲品，但鹰妈妈依然不会停止这种训练，即使自己也心痛，但也要为孩子们打造生命的天空。

同样道理，作为管理者，要有鹰的气概，促使下属进步。因为让他们有危机意识是促使下属成长的最好武器。只有合理运用这种手段，才能让下属快速成长。

制造危机，让他们感到自己还需要成长，从而努力进步。对于一个人来说，只要精神头一垮，志向和雄心便会随之破灭。再坚强和难驾驭的人，也抵挡不了精神的摧残。要想树立权威，就要让下属精神紧张。在此之前，还要营造紧张的工作氛围。在人人自危的环境下，员工就会倍加努力；同样，还要洞察员工的内心动机。

为了提高员工工作的紧张感，一位经理给他们讲了这样一个故事：

周武王在姜太公的帮助下，推翻商纣王的残暴统治，建立起周朝。建国之初，需要招募一批人才为国家效力。

齐国有位名叫狂矞的贤士，受到地方人士的推崇。姜太公慕名而来，想邀他出仕，三次拜见，都被拒绝。姜太公怒极，要杀了他。周公想救他，问姜太公："狂矞是贤人，不图富贵，有才有识，何故杀他？"

姜太公说："天下之内，皆是王地，天下之滨，皆是王臣。今日天下已定，人人当为国效力。目前只有两种立场，不是支持，就是反对，不能有犹豫或中立之心。狂矞如此态度，若人人皆学他，哪里还有可用之人？杀了他，以警示其他人。"

果然，杀了狂矞后，想反周朝的人都不敢自高自大了。

他接着说道：姜太公这样做，是为了让众人感到危机，增加紧迫感，使他们服从周朝，尽心为周朝效力。这个道理，也适用于公司管理中。当员工犯了不可饶恕的错误时，可以告诫员工："绝不能重蹈覆辙，再有此事就辞退！"如果真的有人再犯，就要执行你的规定，让所有人明白制度不是一纸空文。

无论是外部还是内部危机，都能让人保持清醒的思维。舒适的被窝会让人们丧失斗志，而一盆冷水却能让人们看到寒冷的世界需要变革。处在不利于自己的环境，人们就会爆发出惊人的能量。太安逸的生活容易使人堕落，不思进取。古人的"生于忧患，死于安乐"说的就是这个道理。

有危机感的员工，更容易发展；同样，有危机感的公司更容易实现创新。因此，管理者要合理使用危机感，给员工制造紧迫感，让危机感影响到每一个员工。

人类有一种习性，总想从他人行为中找到熟悉的东西。如果能预测某事，就会让人感觉一切尽在掌握。而这一切，管理者完全可以做到。他们有意让员工无法预料他的举动，让他的所作所为看起来捉摸不透。说得夸张些，这一策略会让员工产生心理恐慌，如此他们就会服从管理。施加心理压力比任何措施都强，一旦员工陷入集体紧张的混乱状态，管理者就可以控制局面。那么，作为管理者该如何在下属面前树立自己的权威呢？

1.与下属保持距离

"刺猬"法则提醒我们，只有保持适当的距离，才能互相取暖又不会被对方伤害。对于管理者而言，上下级之间要保持一定的距离，不要把上下级关系变成兄弟关系。

2.言行举止注意身份

管理者要明确自己的角色定位，清楚自己处于何种位置，对上要保持何种态度，对下要保持何种风格。连自己的身份定位都不清晰，该严肃的时候不严肃，该清楚的时候不清楚，就会出问题。很多时候，越是气急败坏，下属可能越不畏惧你；越深藏不露，下属反而越会战战兢兢。

3.将感情藏起来

心理学表明，成熟度低者情绪化较强。优秀的管理者都能很好地控制情绪，心情不佳时，遭遇困难时，业绩不理想时，都要学会适时调节自己的心态。这样，下属对工作就会有信心和希望。

4.让下属真心服从

首先，管理者要身体力行，坚持执行制度，树立权威，确保决策的准确性和命令的明确性。其次，要与下属保持沟通，积极接受下属的合理建议，鼓励下属主动投入工作。最后，仔细指导下属，用优秀的人格魅力影响下属，用专业技能教育下属。

## 认清企业所处的现状，该放弃时要毫不犹豫

无论个人或企业，都应学会放弃。根据企业的运营、销售、投资、利润等各种情况，有些公司难以做出放弃的决定。就像住在热带丛林的人捕猎猴子，他们在一个固定的木箱里放一些坚果，再在箱子上钻一个小孔。这个孔刚好能塞进猴子的前爪，猴子抓住坚果后，爪子就卡住了。但它就是不肯松开手中的坚果，于是被人们抓住了。猴子因为不知道放掉手中的坚果，被人们抓走，失去了自由。对于一个企业来说，就不仅是失去自由那么简单，很可能会导致企业面临倒闭的风险。企业对自己无足轻重的东西抓得越紧，越会失去更多的东西；与其去争夺一些微小的利益，还不如仔细思考怎么能在变幻莫测的市场中存活下来。

对于管理者来说放弃需要很大的胆识和气魄，只有敢于放弃一些东西，才有可能获得更多的东西。其实，公司就是在放弃、获得、再放弃、再获得的过程中不断成长的。

1881年，日本钟表企业巨头精工社诞生，它是一家知名的大公司，其石英表在全球销量一直很好。公司第三任总裁服部正次的放弃战略，是精工社取得如此辉煌成就的关键因素之一。

服部正次于1945年成为精工社第三任总裁。日本当时各行各业都很低迷，精工社也受到影响，公司发展缓慢。"二战"并未影响被誉为"钟表王国"的瑞士，瑞士手表一举夺得了钟表行业的市场，这对精工社而言是一个生死存亡的考验。服部正次并未被当前的局面吓住，他冷静分析，制定了

"不着急，不停步"的发展战略，从质量方面着手，努力赶上钟表王国的步伐。10年的时间过去了，服部正次带领员工取得了巨大的进步，但仍无法与瑞士钟表匹敌，质量始终达不到瑞士钟表的水准。瑞士当时每年生产各种钟表约1亿只，销往150多个国家，市场的占有率高达50%～80%。

针对瑞士钟表的质量，精工社内部产生了分歧：是继续追赶，还是另辟蹊径？服部正次经过深思熟虑，做出了这样的选择：放弃再在机械表上与瑞士竞争，转而投入新产品的开发。因为要想在质量上超越瑞士钟表，根本无法实现。经过几年的坚持不懈，服部正次带领他的团队与技术人员研制出一种新产品——石英电子表。在钟表的准确性方面，石英表显示出强大的优势，钟表之王劳力士的月误差在100秒左右，但是石英表的月误差连15秒都不到。

1970年石英表问世，立即在钟表界掀起风暴。20世纪70年代末，精工社的销售额跃升到世界第一。1980年，精工社收购了瑞士制造高档钟表的珍妮·拉萨尔公司。不久，一种以钻石、黄金为主要原料的奢华"精工·拉萨尔"表被开发出来，一上市，就受到消费者的欢迎，成为新一代高质量、高档次的象征。正是因为精工社公司的放弃战略，让公司在发展中取得卓越的成绩。

放弃是一种有进有退的战略艺术，学会适时放弃，就可以掌握主动权。管理者应擅长摆脱影响企业成功的障碍，把企业的生存发展放在企业的首位。不会进行理性放弃会招致失败。管理者在对企业进行管理时，必须审时度势，需要放弃时要果断坚决。因此，决定对某个战略或产品进行放弃时，应从以下几个方面入手。

1.放弃错误的

对于企业而言，创新涵盖三个层面：首先，形成具有新意的战略思维，并且可操作性高；其次，根据时机进行战略调整；最后，因应市场变化，执行战略转移。第三个层面要求管理者采取战略转移，在转移之前，管理者应舍弃原有的战略，寻求新的战略。舍弃一些与实际工作不符的项目、工作内容，可以为企业减轻压力，摆脱不必要的困扰；更能提升公司的竞争力，让公司在多变的市场中稳住阵脚，获得持续的发展。舍弃错误的决策，舍弃错误的项目，舍弃错误的规划，都是一种对企业正向发展的决策。企业的发展很大程度上取决于企业的创新能力，企业需要员工在工作中持续进行创新。在创新之前，需要管理者、员工不断发现工作中的问题，舍弃原有的且不合适的解决方案，找到一种更适合企业发展的方案。

2.放弃不合适的

市场开放，竞争无处不在。企业要想在市场的竞争中获胜，必须提高自身素质，增强实力，敢于通过市场的优胜劣汰法则，将企业中的低质项目、衰落项目舍弃，保证企业中的优势项目、兴旺项目的持续发展。

3.放弃小利的诱惑

在生活中，人们要抵制各种诱惑，学会适时放弃。为了吸引顾客，很多超市会推出各种打折促销活动，引导消费者购买。超市打折促销当然能帮我们省钱，但是很多人在面对商场的打折商品时，有用无用的都会买回家。这样做不但不能为自己省钱，还增加了自己的开销。对于企业来说，也是一样的道理。在企业的发展过程中常常面临利益的诱惑。面对这一情况，很多管理者选择了利益，这对企业的长远发展造成了不良的影响，甚至导致企业倒闭。为了企业的长远发展，管理者应该放弃短期的利润，以企业的整体发展为重。

## 企业并非做得越大越好

增加企业规模，把企业"蛋糕"做大，这几乎是每个管理者追求的目标。但企业"蛋糕"真的越大越好吗？俗语说"船小好掉头"，企业"蛋糕"过大，往往会造成企业决策的灵活性降低，最终导致企业这条"大船"不仅无法在海上驰骋，反而还会沉没海底。在管理过程中，小企业的管理模式有"小"的好处，在遭遇风浪时，小船可以比大船更加轻松地调整方向；面对浅水时，小船没有大船重，可以适时地放慢速度向前行驶。企业的"蛋糕"做得越大，保质就越困难。一旦蛋糕变质，企业遭遇的将是无可挽回的巨大损失。

企业"蛋糕"的过度膨胀不仅表现在其涉足的产业上，还表现在企业的人员机构上。企业规模的增大势必会导致管理组织的调整，人员需求增加也无可厚非。但企业如果聘用太多的管理人员，设置较多无用的管理机构，会造成企业结构冗余，如此必然会影响企业组织的灵活性，阻碍企业的发展。

企业经营以赢利为目标，实现利润的最大化是每个管理者的追求。利润的增加与成本的降低成反比，成本降了，利润自然上升，管理组织烦琐，整体机构冗余，会直接增加企业的运营成本。优秀的管理者往往是企业的节支高手，可以通过缜密的分析，为企业节省各种多余的生产费用。然而，管理者通常会犯不将人力资源算作生产成本的错误，一味地扩充管理人员、管理机构，极大地增加企业的生产投入花费，从而无形中造成利润的流失。"人多力量大"的口号未必在管理上适用，管理者忽略企业发展规模与人员数量及组织机构之间的平衡关系，盲目扩大企业规模的做法，最终只会损害企业的利益。

吉纳·法考夫的零售生涯是从他父亲的皮箱店生意开始的。创业初，由于反对父亲传统的以单位利润最大价格出售商品的经营理念，坚持自己单位销售量的利润降低，会随着销售量的扩大，而赚取最大利润的观点，法考夫开始自己独立创业。他在曼哈顿开了一个皮箱铺，起名为E.J.柯维特，利用薄利多销增加利润收入的经营理念，以接近成本的低廉价格出售商品。取得了一定收益后，又扩大经营，出售钢笔、照相器材等商品。由于价格便宜，人们纷纷来到法考夫的店里消费，前来购买商品的顾客排起了长龙。法考夫意识到，按照这种运作方式，每年可以赚取的利润将相当可观。1951年底，他在韦斯特切斯特又开了一家分店，此后，法考夫的生意越做越大，1953年，柯维特公司的销售额高达970万美元，1962—1966年，柯维特公司的销售额整整翻了两倍。在1962—1966年的4年时间里，法考夫又开了15家分店，其经营规模扩大了3倍之多。法考夫以其独特的管理理念、薄利多销的经营理念，使柯维特公司在10年的时间里，销售额从5500万美元上升到7.5亿美元，赚取了巨大的利润。

法考夫取得了极大的成功，柯维特公司实力不断上升，以平均每7周就开一家新店的速度，成为美国零售业史上发展最快的公司之一。然而，蛋糕越来越大的柯维特公司最后还是难以逃脱破产倒闭的命运。

为达到扩张市场的目的，法考夫采取了不断开设分店的策略。当柯维特公司的分店覆盖范围只在纽约市附近时，各个分店和总公司之间可以取得较为密切的联系。随着柯维特公司越做越大，分店开到芝加哥、圣路易斯、底特律等地时，分店与总公司之间的联系越来越难以维系，总公司无法对纽约市场以外的分店进行及时的监督和管理。同时，由于芝加哥等地的同行竞争者，对柯维特公司采取排挤对策，最终加剧了柯维特公司竞争实力的不断受损。

为了使柯维特公司经营的行业更广，获取更大的利润，法考夫制定了涉足服装产业的策略。然而，从出售如洗衣机、厨具、电视机等家居商品转为经营服装的做法，不仅没有产生利润，还给柯维特公司带来了巨大的麻烦。由于消费者对服装的季节、样式的要求，使得服装存在其他商品所没有的特殊性。柯维特公司经营的服装推出后，销售量极低，成批的滞销品难以卖出，造成了大量资金和货物的积压。

1963年，管理上接二连三出现失误，柯维特公司的实力受到极大的削弱。在出现重大财务问题的情况下，柯维特公司仍然急速扩张，1964年因货物运输问题，柯维特公司损失了一张价值200万美元的订货单，致使公司实力、声誉等方面都受到恶劣影响，一年时间里，损失资金超过266万美元。柯维特公司的家具部门是法考夫向克灵公司租赁的，法考夫决定采用买下克灵公司，并购联邦地毯公司的策略，以挽救公司濒临破产的局面。但并购决策没有给柯维特公司带来转机，公司获取的利润仍然持续下降。

1965年的下半年里，柯维特公司销售量比前年同期增长了10%，利润却减少了近300万美元。接下来，柯维特公司出现了更为严重的财务赤字，存货周转率每平方英尺比1961年降低了1/3，营业额下降超过30%。1966年，柯维特公司股票由同年最高时期的50.5美元跌到13美元。业绩下滑使法考夫不得不放宽扩张策略，1966年，柯维特公司只新开了3家分店。1966年，迫于形势，法考夫将柯维特公司与比它小很多的斯巴达公司合并，法考夫也宣布退出管理部门。此后，柯维特公司继续亏损。1980年，为偿还巨额债务，公司进行逐步清算。到了1981年，最后的12家分店也被迫拍卖。

在实际管理过程中，为避免企业出现蛋糕越来越大而无法周全的情况发生，管理者需要做好以下几个方面。

1.避免管理组织机构人员过于冗余

企业组织机构人员冗余，管理人员过多，会导致企业的运营成本增加，决策执行受阻。管理者要注意调整企业内部管理结构，避免出现管理人员过度饱和的现象。可有可无的中间部门或其作用可以被其他部门代替的管理机构，要及时清除。与企业整体运作无法协调、工作效率低，甚至影响到企业成本的落后部门，要及时清除或整顿。人员明显过多影响到组织效率的企业，通过裁减冗员的方式，减少企业中办事无效率、明显不称职者。

2.注重核心价值

要建立竞争优势，就要关注核心价值，这就需要将资源集中在最重要、拥有核心价值的业务领域，并在自己最具竞争力的领域确定目标，以最小的成本获得最大的利润。但这并不是说企业只把资源集中在有利可图的业务上，而是要对那些没有竞争优势的业务进行改革，甚至关闭，从最大限度上保障核心价值的实现。如果目标数量多，不一致，公司很难同时兼顾太多的业务，不能为公司创造效益。随着市场经济的不断发展，更多的企业在竞争中成熟起来，而只有重量级的企业才能胜出。要想使企业成为重量级，就要集中资源，进行多元化收缩。并且这一办法实施得越早、越彻底，就越有利于公司整体竞争力的提高。

3.避免不必要的流程

随着社会、经济的进步，时间和精力变成人们最珍贵的东西。很多管理者忙个不停却效果不佳，主要原因是缺乏简单管理的思想和能力，不能区分事情的轻重缓急。从这个角度看，管理之道就是简化之道：将工作简化去繁，化繁为简。简单就是力量，简单就是效率，简单就是效益。由于受思维方式的制约，简单的信息往往比复杂的信息更容易被人们所接受，在实际操作中更能灵活运用，游刃有余。复杂使人迷茫，使人看不清事情的本质，解决不了问题；只有保持事情的简单化，才能让公司上下同心同德，共同为公司创造更大的利益。

第二章

# 决策法则：若想缔造商业传奇，必先预知市场方向

决策关系着企业的前途和命运。正确的决策可以使企业高歌猛进，实现企业的社会价值；错误的决策将导致企业陷入困境，使企业浪费社会资源。作为管理者，在做决策时，必须符合当前的商业规律和市场发展，才能使企业有所收获。

# 决策决定企业未来的生存和发展

赵磊是一家创业公司的CEO，公司主营的业务是开发和销售一款智能家居系统，可以通过语音、手势、面部识别等方式控制家中的各种设备，如灯光、空调、电视、冰箱等。他的公司在市场上有一定的知名度和口碑，但也面临着激烈的竞争和挑战。

这天赵磊打开邮箱，收到了两封重要邮件：一封是来自一家大型的互联网公司，邮件中表示对他的公司感兴趣，想要收购他的公司，并报出很高的价格；另一封是来自一家知名的风险投资机构，表示对他的公司有信心，想要投资他的公司。赵磊面临一个艰难的决策，是接受收购，还是接受投资；或者是拒绝他们，继续自主发展。

赵磊向他的团队和顾问征求意见，发现他们的观点各不相同，有的支持收购，有的支持投资，还有的支持自主发展。赵磊也对这两个选择进行了分析，发现它们都有利弊。收购的好处是可以快速获得巨额的回报，结束创业的风险和压力，也可以借助大公司的资源和平台，扩大市场和影响力。收购的坏处是可能失去对公司的控制和创新，可能放弃自己的梦想和理想，也可能遭到市场和客户的反感和抵制。投资的好处是可以增加公司的资金和信誉，也可以借助风投的网络和经验，提高公司的竞争力和价值。投资的坏处是可能增加公司的负债和压力，可能导致公司的股权稀释和冲突，也可能受到风投的干预和限制。自主的好处是可以保持公司的独立和自由，可以坚持自己的愿景和使命，也可以维护自己的核心竞争力和企业文化。自主的坏处是可能面临资金和人才的不足，可能错过市场和机会的变化，也可能被竞争对手超越和淘汰。

赵磊经过深思熟虑，做出自己的决策——选择拒绝收购和投资，继续自主发展。他向两家机构回复邮件，感谢他们的关注和支持，但婉言拒绝了他们的提议，同时表达了对他们的尊重和友好。他也向团队宣布了自己的决策，解释了自己的理由和动机，希望他们能够理解和支持，并鼓励他们继续努力和创新，共同实现梦想和目标。

企业发展离不开决策，决策是企业管理的核心和灵魂。决策的好坏直接影响企业的生存和发展，甚至决定着企业的成败。一个优秀的企业管理者，必须具备良好的决策能力，能够在复杂的环境中，准确地分析问题，制定合理的方案，及时地执行决策，有效地解决问题。

决策的过程可以分为四个阶段：目标设定、方案生成、方案评估和方案实施。在这四个阶段中，每一个阶段都有可能出现错误，导致决策的失败。

1.目标设定

目标设定是决策的出发点和归宿，也是决策的依据和评价的标准。目标设定应该是明确的、具体的、可量化的、可实现的，与企业的愿景和使命相一致，符合企业的利益和价值。

2.方案生成

方案生成是决策的可选方案，也是决策的内容和形式。方案生成应该是多样的、创新的、合理的，能够满足决策目标，适应决策环境，反映决策者的意愿和态度。方案生成的方法有很多，如头脑风暴、假设法、模拟法、比较法等。

3.方案评估

方案评估是决策的核心，也是决策优劣的依据。方案评估的目的是找出最优的决策方案，或者在多个决策方案中做出权衡和取舍。方案评估的标准有很多，如成本、收益、风险、效率、效果、影响、可操作性、可持续性等。

4.方案实施

实施决策方案是决策的执行，也是决策的实质和结果。方案实施的关键是制订详细的行动计划，分配责任和资源，协调各方的行动，监督和控制决策的进程和质量，解决决策的问题和困难，确保决策的顺利和成功。

那么，什么是好的决策呢？一般来说，好的决策应该具备以下几个特点：

1.基于事实和数据

决策应该以客观的事实和数据为依据，而不是凭借主观的感觉和直觉。事实和数据可以提供决策的依据和支持，也可以帮助决策者分析问题、评估风险、预测结果，从而做出合理的选择。

2.考虑全局和长远

决策应该从企业的整体利益和长期发展出发，而不是只关注眼前的利益和短期的成果。决策者应该考虑到决策的目标、影响、后果，以及与其他决策的关联和协调，从而做出符合企业战略和愿景的决策。

3.参与和沟通

决策者应该充分利用企业内部和外部的信息和资源，广泛征求和倾听各方的意见和建议，尊重和平衡各方的利益和需求，从而做出公正和有效的决策。决策者也应该及时和透明地向相关的人员与部门传达、解释，以便于沟通和执行，增强决策的可信度和可接受度。

4.灵活和创新

决策应该适应外部环境的变化和内部条件的变化，能及时调整和优化，以应对不确定和复杂的情况。决策也应该敢于创新和突破，能发现和把握新的机会和挑战，以提升企业的竞争力和领先性。

## 正确的决策一定要坚持到底

2007年，当时的苹果公司正在准备发布一款全新的产品——iPhone。这款手机的设计和功能都与当时市场上的其他手机有很大的不同，它没有实体键盘，而是采用了触摸屏。它可以浏览网页、收发电子邮件，播放音乐和视频，还有一个名为App Store的应用商店，让用户可以下载各种各样的应用程序。

苹果公司的创始人和首席执行官史蒂夫·乔布斯对这款手机寄予厚望，他认为它将是一款革命性的产品，能够改变人们的生活方式。然而，这款手机的发布并没有得到所有人的认可，有些人甚至对它表示了怀疑和嘲笑。

一方面，苹果公司的一些合作伙伴和竞争对手都对iPhone的前景并不看好。例如，当时的AT&T公司（现为美国电话电报公司）是iPhone在美国的独家运营商，它的高管们对iPhone的销售预期很低，只给苹果公司提供了200万部的订单。另一方面，当时的微软公司首席执行官史蒂夫·鲍尔默在接受采访时，对iPhone的价格和功能都表示了不屑，他说："五百美元？这是最昂贵的手机，而且它没有键盘，所以它不是很好的电子邮件机器。我看不出它有什么吸引力。"

面对种种质疑，乔布斯并没有动摇，他坚信自己的决策，认为iPhone是一款优秀的产品，能够满足消费者的需求和期待，他决定坚持自己的设计理念和市场策略，不做任何妥协。他对自己的团队说："我们要做的是让人们爱上这款手机，让它成为他们生活中不可或缺的一部分。"

结果证明，乔布斯的决策是正确的，iPhone在2007年6月29日正式上市后，立刻引起轰动，第一天就卖出了27万部，第一个季度就卖出了270万部，超过了AT&T的预期。iPhone不仅为苹果公司带来了巨大的利润，还为整个智能手机行业带来了变革，推动了触摸屏技术、移动互联网、应用程序和社交媒体的发展，影响了无数人的生活。

企业的发展离不开正确的决策，而正确的决策也需要坚持到底。在市场竞争中，企业面临着各种机遇和挑战，需要根据自身的优势和劣势，以及外部的环境和趋势，制定合理的战略和目标。然而，决策的过程并不是一帆风顺的，往往会遇到各种困难和阻力，如资源的不足，竞争对手的干扰，消费者的怀疑，员工的抵触，甚至自身的动摇。这些都会对企业的决策造成影响，甚至导致决策的改变或放弃。但是，如果企业的决策是正确的，那么就应该坚持到底，否则就会错失良机或者陷入困境。

为什么企业对于正确的决策，一定要坚持到底呢？

首先，正确的决策是基于对市场的深入分析和预测，是符合企业的长远利益和发展方向的。如果企业轻易改变或放弃正确的决策，就相当于放弃了自己的优势和机会，让竞争对手占据了先机，使自己陷入了被动和困境。还以苹果公司的iPhone为例，这是一个正确的决策，因为它符合移动互联网时代的需求，也符合苹果公司的创新特点。如果苹果公司在推出iPhone之前或之后，因为遇到技术的难题、市场的反应或者竞争对手的挑战，而改变或放弃这个决策，就可能会失去智能手机市场的领导地位或者错过移动互联网的浪潮。

其次，正确的决策需要时间和努力来实现，是一个持续的过程，而不是一个瞬间的结果。如果企业在决策的执行过程中，遇到一些困难，就轻易改变或放弃正确的决策，那么就相当于浪费了之前的投入，也相当于放弃未来的收益。例如，阿里巴巴公司在1999年成立了淘宝网，这是一个正确的决策，因为它符合电子商务的发展和中国消费者的需求，也符合阿里巴巴公司的愿景。如果阿里巴巴公司在成立淘宝网之后，因为遇到资金紧张、用户的不足，或政策的不确定，而改变或放弃这个决策，就可能会失去电子商务市场的主导地位。

最后，正确的决策需要信心和勇气来支撑，是一个挑战和机遇并存的选择，而不是一个安全和稳定的保障。如果企业在决策过程中，因为自身的动摇或外界的干扰，而轻易改变或放弃正确的决策，就相当于放弃自己的信念和目标，也相当于放弃创新和变革的动力和机会。例如，特斯拉公司在2003年开创了电动汽车的业务，这是一个正确的决策，因为它符合环保、节能的理念，也符合特斯拉公司的愿景。如果特斯拉公司在成立电动汽车业务之后，因为自身的不确定或外界的质疑，而改变或放弃这个决策，就可能会失去电动汽车市场的领先地位或者错过汽车行业的变革。

所以，企业对于正确的决策，一定要坚持到底，不轻易改变，只有这样才能保持自己的优势和机会。当然，这并不是说企业应该固执己见，不顾一切，而是说企业应该有明确的目标和战略，有充分的分析和预测，有合理的计划和执行，有及时的监控和调整，有坚定的信念和决心，有勇敢的挑战和创新。只有这样，企业才能在市场竞争中胜出，从而实现自己的发展和成功。

## 优秀的管理者不多做决策，只做重要的决策

　　管理大师杜拉克认为：在决策中，"要看'正确的决策'是什么，而不是'人能接受的'是什么"。

　　通用汽车公司的一次高层会议上，没有人对一项新的方案提出反对。公司总裁斯隆先生说："诸位先生，在我看来，我们对这项决策都达成了完全一致的意见了。"出席会议的委员们全部点头表示赞同，但是斯隆先生接着说："现在，我宣布会议结束，下次会议时再讨论这一问题。我希望到时候能听到不同的观点，也许那样我们才能真正理解这项决策。"

　　斯隆先生堪称"卓越的决策家"。他认为"方案"都必须经得起事实检验。同时他强调，不能先下结论，然后去收集"事实"来支持这一结论。他的观点是：正确的决策，必须从正反两方的意见中才能得到。斯隆先生的事例给出的结论是：除非有不同的看法，否则就不可能有决策。这是决策的一条原则。也就是说，优秀的管理者绝不认为某一行动方案为"是"，其他行动方案均为"非"，也绝不固执己见，以自己为"是"，以他人为"非"。优秀的管理者第一步会先找出为什么每个人会产生不同的看法。

　　杜拉克曾说："优秀的管理者，做的是高效的决策。"他认为管理者的职责，不是做他"喜欢做的事"，而是做他"应该做的事"——特别是要做出高效的决策。他非常敬佩被誉为商业史上最优秀的决策者的西奥多·维尔（他于1910年起担任美国AT&T公司总裁20年）。在西奥多·维尔任职贝尔电话电报公司的总裁期间，成功地将贝尔公司打造成全球最大、增长最快的私

营公司。杜拉克认为AT&T公司的辉煌成就要归功于维尔担任总裁期间所做的四项重要决策，即公开宣布AT&T公司的使命是"我们的业务就是服务"，建立贝尔研究所，成立公共监督委员会，以及开创了一个满足非上市私人公司资金需求的民众资本市场。确实，这才是管理者应该做的，也是只有优秀的管理者能够做的应该做的事。

维尔刚上任就明白，要想让自己的私企不被政府收归国有，那么贝尔公司就必须比政府部门更能照顾公众的利益。

于是维尔做出了第一个决策：贝尔公司要预见并满足公众对其服务方面的期望和需求，也就是贝尔的口号："我们的业务就是服务。"然后维尔制定出新标准，检查员工服务工作的优劣，而从不强调利润完成的情况。

贝尔公司意识到如果企业希望能够长期生存，有效、公正和有原则的公众管理是必不可少的。维尔因此把实现公众管理当成贝尔公司的目标，要求员工在发展业务的同时，还必须注意保护公众的利益。这是维尔做的第二个决策。

为了应对缺乏公平竞争的局面，维尔说："我们可以把未来视为对手，让未来和现在较量。"他做了第三个决策：创立了贝尔实验室。

由于贝尔公司需要大量资金进行公司改造和扩张，维尔做了第四个决策：贝尔公司推出投资者股息有保障，资产升值时还能分一杯羹，通货膨胀时免受损失，而且贝尔公司的股票由自己做股票承销工作。

西奥多·维尔才华横溢、头脑敏锐，具有非凡的眼光，他的确是一个优秀的管理者。他任贝尔总裁期间尽管只做了四个重大决策，却为公司赢得了荣耀。

决策的好坏取决于决策者对决策的可行性、合理性以及决策的质量、效率等方面的关注程度。优秀的管理者在做决策时，都应当把精力放在对问题本质的理解上，以便更好地根据问题进行决策。

优秀的管理者，在遇到困难时，他们总是先认为该困难只是一种表象，一定还有更深层的相关问题存在。他们要找出真实的问题所在，不会只解决表象问题而已。

作为优秀的管理者，不仅要能够掌握当下，还要能够洞察未来。这就需要平日里关注对企业发展有重大作用的信息，对市场保持敏锐的观察力以确保产销方面的决策正确。作为优秀的管理者，要注重决策的效果，而非决策的方法；要追求优质的决策，而非巧妙的决策。作为优秀的管理者，要有备选方案，方案越丰富，选择的空间越大，找到最佳方案的可能性就越高；要充分利用大家的智慧，广纳良言，只有出现多样的意见，才会有最好的决策。此外，优秀的管理者还要有创新和开拓精神，敢于做出常规的思维不能做出的决策。

同时，优秀的管理者还应该将行动纳入决策当中，不要只是纸上谈兵。行动前要做好预谋规划，搞好宣传，让下级能够充分理解；对执行过程中可能出现的意外情况事先做好准备，并在执行中不断总结经验教训。然后严格按照要求贯彻执行，合理激励员工。

## 快速做出正确的决策，速度是关键

普希尔定律源自A.J.S公司副总裁普希尔的观点：各个行业的佼佼者，都有快速做出正确决策的本领，过多的犹豫只会妨碍迅速决策，正确的决策都是要立刻做出的。这个说法后来经过人们总结，被称为普希尔定律。

一只山羊吃完了周围的草，想要找更多、更好的食物，它远远看到西山有一片翠绿的草，正要向西山走去，又发现其他几个方向的草似乎也很新鲜。该去哪边呢？山羊犹豫起来，"西山的草不错，但是那里据说有很多的狼。东山的草也很好，可是那里好像经常有老虎出现。南山的敌人不多，但是那边的河水不够干净"。山羊左思右想，拿不定主意，做不出到底要去哪里吃草的选择，最后它在犹豫中饿死了。

在企业管理中，管理者畏首畏尾，优柔寡断而不能及时做出决策的行为，就像上面故事中的山羊一样，浪费了太多的时间和精力去担心未来情况，而不能迅速地决策，最终也只能导致企业亏损，被"饿死"。只有管理者正确决策，快速而不失机会，才能促进企业的实力得到提升。

同行业之间的竞争就如同赛跑一样，目标的实现，要求企业不仅要跑得稳，更要跑得快。很多管理者只懂得"一着不慎，满盘皆输"的道理，凡事以企业的"稳"为重点，决策前会三思而后行，百分之百地确保万全无虞，才敢下达执行。这种做法虽然使企业的经营风险的确降低了许多，但发展速度也跟着减缓了，最终会被竞争对手远远地甩在后面。先机决定商机，只有管理者加快制定正确决策的速度，才能促进企业经营的飞跃。

总的来说，管理者以速度求胜，在管理中运用普希尔定律，可以为企业整体发展带来的好处有以下三个方面。

**1.适应市场变化规律**

信息时代降临全球，市场经济变幻无常，管理者决策迟疑不决，会使企业不能适应市场变化，而错失市场良机，最终被市场淘汰。"优胜劣汰，适者生存。"管理者及时、迅速地做出决策，才能让企业发展顺应市场变化，在同行业的竞争中，长期地占据优势。

**2.抓住转瞬即逝的机会**

机会的出现需要敏锐判断，而机会的把握则需要管理者果断决策。机会稍纵即逝，往往一时疏忽就会轻易溜走，迅速决策，抢占先机，可以使企业抓住更多的机会，掌握商机，获得更多的利益。

**3.摆脱竞争对手**

速度是取胜的关键，在管理者犹豫拖延的时间里，对手很有可能已经抢占先机。只有管理者抢在对手前面，才能减少同行业的竞争，促进企业效益的增加。

金融巨头约翰·皮尔庞特·摩根，是19世纪末至20世纪初美国金融界的领军人物。他大举并购铁路，通过摩根体制的实施、执行，获得了占美国企业资本1／4的财富，掌控美国众多的工矿企业。他还利用金融资本控制美国许多重要的产业部门，凭借强大的经济力量，向阿根廷、墨西哥，甚至向老牌的资本主义国家英、法等国家借贷，被誉为"华尔街的神经中枢"。

关于摩根如何能发家，还要从他年轻时开始说起。

摩根出身于富商之家，或许是受到家庭氛围的影响，摩根在年少时，就展现出非凡的商业天赋。刚从大学毕业的摩根在邓肯商行任职，有一次，公司派他前往古巴的哈瓦那为商行处理购买鱼虾的事宜，在返程途中，路过新奥尔良港口时，摩根遇见一位船长。大概是看到摩根体面的装束，船长以为摩根是一位富有的商人，于是拦住他介绍说，自己是一艘巴西货船的船长，经常来往于巴西与美国之间。这次他从巴西向美国的一家公司运一船咖啡，到达目的地后，发现那家美国公司已经倒闭。一船的咖啡滞销在这里，这位船主不得不自行销售。他向摩根表示，如果摩根愿意收购这批咖啡的话，他愿意以低于原价一半的价格出售，但条件是摩根必须拿现金和他交易。

摩根在船长带领下，品尝了咖啡的样本，发现咖啡的质量和色泽都不错，他给邓肯商行发电报，想以邓肯商行的身份购入这批咖啡，可是邓肯商行回电说，不同意这笔交易，不许摩根私自以公司的名义做生意。咖啡的价格虽然便宜得让人心动，但摩根不敢确定船长是不是个骗子，也不敢保证船上的咖啡是否和样品一样优质。摩根思考一会儿，意识到如果再迟疑不决的话，船长可能会把咖啡卖给别人，而让自己失去一次赚钱的好机会。他向伦敦的父亲吉诺斯求助，父亲相信儿子的眼光，出钱帮助摩根买下这船咖啡。摩根的决定没有错，他不但以半价的优惠得到一船的高品质咖啡，而且在他买下咖啡后，由于气候因素，巴西咖啡大幅减产，咖啡价格暴涨了几倍，摩根大赚了一笔。

在实际管理过程中，管理者以速度取胜。运用普希尔定律时，需要注意以下几个方面。

1.相信自己的眼光

管理大师、旅游业巨头希尔顿，在谈到管理心得时，认为自己的成就主要靠的是眼光、信念和努力。不管哪个行业，想要成为优秀的管理者，都需要有寻找商机的眼光。有眼光的管理者不少，敢于相信自己的商业直觉，及时做出决策的管理者却少之又少。因此，管理者一定要相信自己的判断，避免出现看到了、想到了，却没有做出正确决策，从而失去了机会的尴尬局面。

2.审时度势

管理者在决策时速度要快，但不能有急功近利的"冒进"主义，要做到快而不"冒失"。管理者在决策前既不能犹豫不决，错失良机，也不能为了快而影响正确决策。管理者要清楚、明确地分析市场环境，并全面衡量其对企业的利弊，以谨慎的态度，审时度势的同时保证速度。

3.排除迅速决策的阻碍

要想不拖沓、不犹豫，关键是找出影响管理者快速决策的根本原因，也就是要搞清楚管理者为什么会"犹豫"。只有找到阻碍迅速决策的关键因素，才能有针对性地解决问题，避免拖延。管理者要厘清思路，把自己反复考虑的问题条理化，先确定最重要的障碍点，再看能否有效地克服这个问题，障碍的消除也就是管理者快速做出正确决策的开端。

## 调动全员的积极性，"群策"让思路更清晰

李经理是一家软件公司的项目负责人，正在带领团队开发一款新的应用程序，用于帮助用户管理个人财务。这个项目的截止日期是下个月底，但是目前进展并不顺利。李经理发现团队的成员缺乏积极性，工作效率低下，而且经常出现各种问题和错误。他感到很沮丧，不知道该如何解决这个困境。

有一天，他在网上看到一篇文章，介绍一种叫"群策"的方法，用于提高团队的创造力和协作能力。文章的作者是一位著名的管理顾问，他说："群策是一种让团队成员共同参与决策的过程，它可以激发每个人的潜能，增加团队的凝聚力，同时也提高了决策的质量和效率。"

李经理觉得这个方法很有意思，决定尝试一下。他召集团队的所有成员，向他们介绍群策的概念和步骤。他说："我们的项目还有很多工作要做，但是我知道你们都有很多的想法和建议，所以我想让你们一起来帮助我制订一个更好的计划。我们将通过以下几个步骤来进行群策：第一步，我会提出一个问题或者一个目标，比如说，我们要如何提高应用程序的用户体验？第二步，你们每个人都要在一张便笺纸上写下自己的想法或建议，不用担心是否可行或合理，只要是你们认为有用的就可以。当然，你们可以写下多个想法，每个想法用一张便笺纸。第三步，你们把便笺纸贴在白板上，然后我们一起来看看有哪些想法，把相似或者相关的想法归类在一起，形成一个主题或一个方向。第四步，我们对每个主题或者方向进行讨论，评估它们的优缺点，选择最合适的一个或几个，然后制订一个具体的行动计划，分配

责任和时间。第五步，我们执行我们的行动计划，定期进行回顾和反馈，根据情况进行调整和改进。"

李经理的团队成员对这个方法感到很新奇，都表示愿意尝试一下。他们开始第一轮的"群策"，针对如何提高应用程序的用户体验这个问题，提出很多的想法，比如说，增加更多的功能、优化界面设计、提供更多的教程和支持、增加用户的互动和反馈等。他们把这些想法写下来贴在白板上，然后进行分类和讨论，最后选择几个最重要的方向，制订出一个详细的行动计划。

李经理发现，通过群策，团队成员的积极性明显提高了，他们都很乐意分享自己的想法，也很愿意听取别人的意见，而且对于自己的任务和目标有了更清晰的认识。他们的工作效率也有很大的提升，能够更快地解决问题，更好地协作，更有效地完成任务。李经理感到很高兴，决定以后经常使用"群策"这一方法，让团队的思路更清晰，项目的成果更出色。

"群策"是一种有效的决策方法，即利用企业内部的各种人力资源，通过集思广益、协商一致、分工合作等方式，共同参与决策的制定和实施。"群策"的优势在于可以充分调动全员的积极性，让每个人都有发言的机会和责任感，从而提高决策的效果。"群策"的好处有以下几个方面。

1."群策"可以增加决策的信息量和质量

企业的员工来自不同的背景和领域，他们对企业的情况有着不同的见解，可以从不同的角度和层面提供有价值的信息，从而使决策更加全面和客观，避免片面和偏颇。

2."群策"可以提高决策的创新性和灵活性

企业的员工具有不同的知识和技能，他们对企业的目标、环境有着不同的认识，可以从不同的思路提出有创意的方案，从而使决策更具创造性。

3."群策"可以增强决策的合理性和可行性

企业的员工涉及不同的部门和岗位，他们对企业的资源和能力有着不同的评估，可以从不同角度提出自己的看法，从而使决策更具科学性。

4."群策"可以促进决策的沟通和协调

企业的员工构成不同的利益和关系，他们对企业的发展有着不同的期待，可以通过不同方式提出自己的观点，使决策更加公开、透明，能够起到平衡利益和关系的作用。

　　总之，"群策"可以充分调动全员的积极性，让每个人都参与决策的过程和结果，从而提高决策的质量和效果。企业管理者应该重视群策的实施，通过制定合理的规则，建立有效的机制，培养良好的氛围，激发全员的创造热情，实现"群策"价值。

## 成功的决策并非一成不变，要敢于调整

1984年，英特尔的存储器业务开始走下坡路，这是日本厂商的疯狂进攻导致的。他们生产出的产品堆积在仓库里，导致资金周转变得非常困难。幸好总裁安迪·格鲁夫创立了一种叫目标式管理的方式，支撑住英特尔运营的核心，并且微处理器业务也逐渐变得更加成熟起来。

安迪·格鲁夫与英特尔董事长摩尔在讨论公司的困境时，问英特尔董事长摩尔："如果我们被迫辞职，选出一位新总裁，你认为他会做些什么来解决公司的困境呢？"摩尔思考了一会儿，回答说："也许他会考虑放弃存储器业务。"安迪·格鲁夫问道："为什么我们不亲自去做呢？"一年后，安迪·格鲁夫提出一个新的口号："我们英特尔，是一家专门生产微处理器的公司。"英特尔经历了一段艰难的时期后，最终成功地度过了危机。

当公司进行重大决策的调整时，将会改变过去的形象，朝着未来的形象迈进。这个过程非常艰难，因为公司今天的各个部分都是在过去很长一段时间内逐步建立起来的。如果你和你的员工过去经营的是一家计算机公司，你能想象将它转变成软件公司会面临哪些具体情况吗？比如，需要重新评估公司的技术能力和资源，以确定是否有足够的专业知识和技能来开发及提供软件产品。此外，还需要考虑如何重新确定市场定位和品牌形象，以吸引软件行业的客户和合作伙伴。还有，需要重新培训员工，以适应软件开发和销售的要求。总之，为了在这个转折点上生存下来，管理层也需要做出一些重要人员的调整和更换。

英特尔在进行决策调整时，曾经召开过一个会议，讨论英特尔的"微处理器公司"的新方向。董事长戈登·摩尔表示："如果我们真的全力朝这个方向努力，那么在未来的5年内，公司的行政领导团队中将有一半的人会转变为软件型的领导。"这句话的意思是，如果英特尔现在的管理层不改变他们的专业方向，就有可能被其他人取代。格鲁夫环顾一下整个房间里的人，心里暗自思考：接下来会有谁选择留下来，谁会选择离开呢？果然，正如戈登·摩尔所预料的那样，英特尔的管理层中有一半的人改变了他们的专业方向，而另一半的人因不愿改变则离开了公司。

为什么不是每个管理者都能像格鲁夫那样有勇气去做出决策的调整呢？主要原因在于很多管理者缺乏足够的信心和勇气，他们瞻前顾后，担心失败，这样的处事方式甚至会给企业带来灭顶之灾。与其冒险，不如固守。正因为抱着这一想法，他们在"固守"的过程中，一点点被竞争对手蚕食，导致企业最终失去生存的空间。孙子说："悬权而动。"意思是说："要根据实际情况，相机行事。"能否做到相机行事，有一个非常重要的前提，那就是能否有勇气做出决策。那些敢于决策的管理者抓住时机，顺势而为，把企业带向一个新台阶；那些在决策时犹豫不决的管理者，导致企业错过最佳时机。关键时刻，作为企业管理者，必须勇于做出决策，甚至要敢于"革自己的命"。

带领企业跨越战略转折点，就像在陌生的草地上行军一样，随时面临着未知的挑战和不确定的情况。在此过程中，企业的新规则还没得到完善，有些规则刚刚建立，有些规则甚至从未听说过。此刻，你和你的伙伴手中没有指向新环境的指南针，也不知道自己的目的地到底在哪里。有时候，局面会变得非常紧张，特别是决策转折点的关键时刻，很容易出现手下人对你失去信心的情况。同时，自己也可能对其他人失去信心。比这更糟的是，你的信心可能会受到巨大的打击。管理层之间互相埋怨，不断出现内部矛盾，争论的激烈程度也不断升级，这让你对未来感到非常不确定。

这时，作为管理者必须时刻保持警觉，不断留意新方向的召唤。此刻你的公司可能出现士气低落的状态，为了将决策推行下去，你已经付出巨大的努力和精力。尽管如此，你必须找到补充精力的方法，激发自己和团队成员的热情，重新恢复战斗力。

管理大师德鲁克说："一艘长年行驶在海上的船只，必须清理那些附在船底的藤壶，否则它们会降低船只的速度并减弱船只的机动性。""要想把资源集中在成效上，就需要一套有系统的行动，就是要进行'企业体重控制'。也就是每次进行新任务时，要放弃一个没有前景的任务。"如何做到这一步？这就需要管理者敢于决策，敢于清除"过去"的羁绊。

在实际工作中，我们可能决策失败，究其原因有以下两个。

第一个原因：参与决策的人数太少。在实际工作中，经常会遇到这样的情况：只有几个人甚至一个人做出决策。这种决策方式会带来很多风险。首先，由于决策者个人掌握的信息有限，决策的严谨性和周密性就不够强。其次，由于决策者对未来形势的变化可能缺乏认知，因此很容易做出错误的决策。最后，由于决策者多数不是一线执行人员，因此他们的决策指导往往无法与实际操作相结合，缺乏可执行性。

第二个原因：缺乏科学的决策过程。因为决策者总是自然地假设自己能感知战略执行过程中的问题，所以决策者总是在不知不觉间降低了对客观数据的关注度，减弱了决策过程的理性色彩。实际上，当只有少数人做决策时，所依据的预测、假设和推理多是基于主观感觉，这就决定了与实际情况之间必然存在差异。最后可能会出现一些未曾预料到的情况，企业无法有效应对，从而导致损失，使得决策变成错误的决定。

既然经常会遇到决策失败的情况，那么管理者面对失败的决策时，应该勇于进行调整和重新决策。重新制定可行的决策目标时，需要遵循以下两个重要原则。

第一个原则：决策目标的价值性。管理者之所以将某个目标确定为决策目标，是因为这个目标具有可观的现实价值，对于没有任何价值或者价值很小的目标不值得为之付出。因此，优秀的管理者只追求卓越的目标，对毫无价值的目标根本不会去投入精力。

第二个原则：决策目标的现实性。决策目标的现实性包含两层意思：首先，制定的决策目标要有实现的必要性，是现实中和长远中迫切需要解决的问题。其次，制定的决策目标必须是可以通过努力实现的目标，而不是遥不可及的目标。如果设定的目标过于高远，超出能力范围，很可能使人沮丧和失望，无法实现这些目标；如果设定的目标过低，太容易实现，也就没有必要做出决策。因此，管理者做决策时，既要有挑战性又要在能力范围内，这样才能激发企业发展的动力。

## 切忌决策时独断专行

　　管理者之大忌就是在决策时独断专行！因为权力欲望的膨胀和其所处的位置，管理者最易犯的错就是搞一言堂，独揽大权，自己说了算。然而，喜欢独断专行的人，一是难免出错，二是难以成就大事，三是往往会失去下属的支持。

　　美国航天业巨头休斯公司的副总裁艾登·科林斯曾感叹道："我们就像卖杂货的小贩，一年四季辛苦奔波，才赚到那么点钱，而他却几乎是一夜暴富。"科林斯说的那个"他"，就是"苹果"电脑的创始人史蒂夫·乔布斯。他也是信息产业界第一个登上《时代》周刊封面的人物。乔布斯22岁开始创业，只用了4年的时间，就从"一无所有"变成个人财富拥有2亿多美元的大富翁。拥有如此庞大的财富，足以让年轻的乔布斯打造出更大的平台去开拓更为广阔的空间，但事实上，对于专横跋扈的乔布斯来说，这却是一个灾难。

　　因为苹果电脑得到了众多媒体的推崇和市场的青睐——初出茅庐就获得了巨大成功，乔布斯完全陶醉在成功的欢乐之中，但是过分的陶醉使得乔布斯在荣誉之中迷失了自我。乔布斯没有受过任何管理方面的培训，对企业管理一窍不通，也不愿意去学习。他越来越迷恋于自己的智慧，脾气变得越来越暴躁，对员工也变得越来越苛刻。

　　他的部下根本不把他当作领导，而是视为一个带着诅咒的祸害，公司里的同事都像是避开瘟疫一样躲着他。哪怕是有时候在等电梯时和他碰到了，同事们也都是找个借口离开，等待下一趟电梯。他们害怕惹恼了他，可能还没走出电梯就被他开除了。

虽然他是老板，但公司上下对他很排斥。乔布斯再也无法融入苹果电脑公司的整个团队中，就连他亲自选拔的高级主管，百事可乐公司饮料部原总经理斯卡利都公开表示："有乔布斯在苹果公司，我就无法执行任务。"乔布斯缺乏团队精神的行为最终激怒了董事会，他们撤销了乔布斯的行政职务，只让他担任董事长一职。乔布斯气愤之下，离开了自己亲手创办的苹果公司。

对于苹果公司而言，乔布斯是无与伦比的创始人，而对于苹果公司的管理团队来说，他却是一名不合格、不称职的成员，因为他缺乏团队合作，导致作为老板的他也遭到排挤。

一意孤行，看似是管理者的强势，其实是无能愚蠢的表现。哪些管理者喜欢一意孤行，不听别人的建议呢？正是那些头脑简单、经验匮乏，还不成熟的弱者。

## 切忌"纸上谈兵"，妄做决策

周涛是一家制造业公司的老板，想要扩大企业生产规模，打入国际市场。为此，他找来一些专家和顾问，让他们给自己出一份详细的方案。专家们花了几个月的时间，做了大量的数据分析和市场调研，最后给周涛提交了一份厚厚的报告，里面包含各种各样的建议和策略。

周涛很高兴，觉得这份报告非常专业，能够指导企业走向成功。他立刻召集自己的管理团队，让他们按照报告的内容执行。他还给他们设定了一些严格的目标和考核指标，要求他们在一年内完成。

然而，事情并没有按照周涛的预期发展。企业在实施目标的过程中遇到很多困难和挑战，比如供应链不稳定、客户不满意、竞争对手打压、员工流失、资金紧张等。周涛的管理团队压力很大，他们觉得报告的内容太理想化，与实际情况不符，很难落实。管理团队试图向周涛反映问题，但周涛却不愿意听取他们的意见，认为他们是在找借口，不够努力，不够专业。

一年后，企业不但没有达到目标，反而陷入危机。市场份额下降了，利润缩水了，信誉受损了，员工士气低落了。周涛终于意识到，自己犯了一个严重的错误，就是太相信那份报告，没有考虑到企业的实际情况，没有听取团队的建议，没有灵活地调整自己的决策，只是一味地"纸上谈兵"，结果导致了失败。

周涛后悔不已，决定重新审视企业，重新制定战略，重新建立自己的团队，重新赢得自己的客户，重新挑战自己的竞争对手，重新开拓自己的市场。同时，他也彻底明白了，在做决策时，切忌"纸上谈兵"，要结合实际，要动态调整，要与时俱进。只有这样，才能够取得成功。

企业决策是企业管理的核心，是企业实现目标和战略的重要手段。企业决策涉及企业的生存和发展，关系到企业的竞争力和效益，因此，企业决策必须科学、合理、有效。然而，在实际的企业决策过程中，有些企业管理者却常常犯下一个严重的错误，那就是"纸上谈兵"。

所谓"纸上谈兵"，就是指企业决策只停留在纸面上，没有落实到实际行动中；或者是企业决策脱离实际情况，没有考虑到市场的变化和客户的需求；或者是企业决策缺乏数据和依据，没有进行充分的分析和评估。这些都是企业决策的致命缺陷，会导致企业决策失效，甚至造成企业的破产。

企业决策为什么会出现"纸上谈兵"的现象呢？原因可能有以下几个方面：

一是企业管理者缺乏决策的意识和能力，不重视决策的重要性和复杂性，不愿意花费时间和精力去做决策；或者不敢承担决策的风险，只是敷衍了事，应付上级或者外界的要求，做出一些表面的决策，没有实际的执行力和效果。

二是企业管理者缺乏决策的知识和方法，不了解决策的基本原理和步骤，不掌握决策的技术和工具，不善于运用决策的理论和模型，只是凭借个人的经验和直觉；或者是盲目地模仿和跟风，做出一些不切实际的决策，没有考虑到决策的合理性。

三是企业管理者缺乏决策的信息和数据，不重视决策的调查和研究，不收集和分析决策的相关资料和证据，不关注决策的环境和条件，不了解决策的目标和对象，不评估决策的影响，做出一些毫无根据的决策，没有考虑到决策的有效和优化。

企业决策如果陷入了"纸上谈兵"的误区，就会给企业带来严重的损失和危害，例如：

一是浪费企业的资源和时间，增加企业的成本和压力，降低企业的效率和效益，影响企业的发展和竞争。

二是失去企业的机会和市场，错过企业的创新和突破，削弱企业的优势和核心，威胁企业的生存和发展。

三是破坏企业的信誉和形象，损害企业的品牌价值，影响企业的合作关系，降低企业的社会责任。

因此，企业决策要想避免"纸上谈兵"现象的发生，要做到以下几点。

一是提高企业管理者的决策能力，重视决策的价值，勇于承担决策的风险，积极主动地做出决策，确保决策的执行力和效果。

二是增强企业管理者的决策方法，学习决策的理论，掌握决策的原则，运用决策的工具和模型，做出决策的创新和优化，确保决策的可行性和合理性。

三是完善企业管理者的决策信息，加强决策的调查，收集和分析决策的相关资料，关注决策的环境，了解决策的目标，评估决策的影响，确保决策的有效和优化。

总之，企业决策是企业管理的重要内容，是企业成功的关键因素。企业决策不能只停留在纸上，而要结合实际，科学合理，有效执行。只有这样，企业才能够把握机遇，应对挑战，实现目标，创造价值。

# 第三章
## 胜在执行：决定企业发展的核心竞争力

执行力就是对于计划目标实现的能力；对于一个企业，则是战略目标一步步得以实现的能力。战略目标一旦确定下来，如何去执行和实现，就变得尤为重要。需要注意的是，要控制好过程，才能快速地、准确地、高效地完成目标。所以，执行力的提高，是企业实现目标的关键。

## 执行力越强，竞争优势就越大

没有执行力，就难有核心竞争优势。关于核心竞争力，可以问自己两个问题：第一，什么是核心竞争力？第二，核心竞争力的保障靠什么？答案都是执行力。

执行力强是企业赢得成功的关键。有了执行力，才能把目标转化为成果。在企业成功的因素里，战略占30%，执行占70%。中外企业成功或失败的众多案例中，有一种情况，就是在策略相同或类似的企业里，发展却大相径庭。有的企业从优秀跃升到卓越，而大多数企业则是昙花一现，短暂辉煌后销声匿迹。究其根本，执行力的强弱是最重要的原因之一。

执行力不足，员工难以完成工作目标，变革的计划也会夭折。在分析企业失败的原因时，常常可总结为执行力不强，其最直接地表现在"空喊口号""组织末端神经失灵""组织矮化"等方面。企业的战略规划是正确的，制度和政策制定了一大堆，但没有得到有效的执行，各级管理人员沉迷于制订了一份"完美计划"所带来的快乐和满足之中，管理流于形式，只做表面功夫，避重就轻，造成了"空喊口号"的局面；企业的计划没有被逐层传达、贯彻和实施，缺乏后续的跟进督导，越到下层，计划的影响力和执行情况越差，久而久之，形成了"组织末端神经失灵"；再有，管理人员害怕被下属超越，在用人时挑选比自己能力差的人作为下属，结果员工的素质和执行力越往下层越差，管理人员担心下属成长，最终导致了"组织矮化"。

一个优秀的企业与一个平庸的企业区别有很多方面，但最根本的区别在于执行力。发展好的企业，员工的执行力必定强；发展差的企业，员工的执行力多数情况下会很弱。如果说企业做大做强有什么诀窍的话，那就是执行力。

事实上，执行力的强弱决定了企业的生存与发展。无论是名列世界500强的企业，还是一些中小型企业，它们之所以能持续地发展和壮大，就在于它们拥有了较强的执行力。

美国零售业巨头山姆·沃尔顿于1962年在阿肯色州创建了沃尔玛公司。经过半个多世纪的发展，沃尔玛已经成为全球最大的连锁零售商。目前，沃尔玛在世界各地拥有近万家商场，员工总数超过200万人，遍布全球很多个国家和地区，每周有超过2亿人次的顾客光顾沃尔玛。

2013年，沃尔玛在全球的销售额高达4691.6亿美元，再次荣登《财富》杂志世界500强企业和"最受敬重企业"排行榜之首。从1962年开办的乡村小店，成长为位居全球500强之一的商业王国，沃尔玛被誉为世界零售业的一大神话。那么，这一神话到底是怎么形成的呢？是什么管理秘诀成就了沃尔玛零售帝国呢？答案就是卓绝的执行力。当时，零售业在美国已经是成熟的竞争行业，许多人认为这一行业利润很低，几乎没有赚头。但是沃尔玛的创始人山姆·沃尔顿却在这一行业中，以卓绝的执行力打造出了自己的核心竞争力，一步一步拉开了与其他竞争者的差距，变成了全球最大的连锁零售商。

沃尔玛以商品销售策略的精准执行，展现了其卓绝的执行力，沃尔玛通过仓库集中发货，每日为消费者提供优质低价的货品。此外，沃尔玛还建立了全球卫星联网的信息管理系统，以优化货品运送与管理。为了达成其战略目标，沃尔玛还强化了对服务细节的培训，并要求员工在工作中贯彻执行。正是凭借这种执行力，沃尔玛创造了自己的辉煌。

2018年的俄罗斯世界杯，在32支强队中，德国队不仅球技高，而且一直以顽强的作风闻名，所以在世界足坛上一直成绩斐然。德国足球的成功有很多因素，但最重要的一点是，德国足球队的队员能够很好地执行教练的战术，完成自己的职责，即使在比分落后或全队陷入困境时也始终按照计划行事。有些球迷在观看比赛时，可能会觉得德国队太过刻板，战术调整不够灵活，甚至会说他们缺乏创造力，不懂足球。但是，最后的结果可以证明一切，德国队是一支强队；作为德国队的球员，也是强者，因为他们具有强大的执行力。

不管是足球队还是企业，一个集体、一个成员或职员，如果缺乏优秀的执行力，就算有再多的创意也难以取得好的成绩。

执行力是决定成败的重要因素，作为一个企业，有没有执行力，关键在于是否拥有有执行力的人才。任何一个成功的企业，其员工都会拥有强大的执行力。一个成功的企业家曾经说过："一个企业想要成功，两个因素起着决定性作用：一是高层的决策，二是员工的执行力。只要领导的决策不犯方向性错误，即使战略不是最优，也可以把企业做得既大又强。"

执行力决定企业的成败，任何企业的成功都是执行的成果。失败在很大程度上都可以归咎于执行的不力。企业缺乏执行力，就必然失去竞争力。

## 领导以身作则，是贯彻执行力的关键

现实中存在这样的现象：一些领导总是抱怨员工执行力不强，但其实他自己也不具备很强的执行力。企业要想提高执行力，首先须从高层做起、从领导自身做起。对于企业而言，领导是一个重要的角色。领导不要以为自己的行为和企业员工无关，往往是领导的不良示范会给企业带来一种难以消除的恶习，这是每个领导都应该注意的。

领导能够亲自与员工一起工作，员工一定会跟着领导努力奋斗。一个领导在塑造企业的风格和标准时，他本身就是员工效仿的对象。久而久之，无论是部门，还是整个企业，都会按照领导的作风行事。如果领导亲自拜访客户，员工就会明白客户的重要性；如果领导文明有礼，企业就不会有粗暴无礼的员工；如果领导敷衍了事，员工就会敷衍塞责；如果领导勇于创新且富有创意，全公司都会积极寻找新的机会；如果领导冲锋在前，部属自然也不会落后。

但是，现实中不容忽视的是，一部分领导脑子里还存在着一种顽固的错误观念，认为"制度不管领导"，制度是约束员工的，而领导拥有特权，可以不遵守制度。可是，在同一个企业内，同一个团队中，领导和员工应该是平等的，应该受同一规则的制约。在某些方面，对领导的要求甚至应该更严格一些。这样的企业才会有强大的执行力，这样的企业才能建立一种更有效的执行文化。

三国时期的曹操之所以能够指挥三军，征战沙场，原因在于他能从自身做起，身先士卒，使自己拥有了最强大、最具有战斗力的军队，为后来的魏国打下了坚实的基础。有一次曹操带兵出征作战，行军途中看到麦田里金黄的麦子，于是下令：有擅入麦田践踏农作者，斩！可是命令刚下达，一群小鸟突然从田间飞起，从曹操马前掠过，马不由得一惊，一声长嘶，直接冲进麦田，将成熟的麦子踩倒了一大片。

曹操心中悲痛，急忙拔出宝剑欲自杀，被诸将抓住他的手腕，大声喊道："丞相，万万不可！"曹操仰天长叹："我刚下了令，自己制定的法令自己不遵守，如何能用它约束下属呢？"说罢又要自杀。诸将以军中须有帅才劝住曹操不要自杀。这时，曹操便抓住自己的头发，用剑割下一缕，高高举起："我因误踏麦田，罪该斩首，只因军中无帅，特以发代首，再有违者，如同此发。"于是众人谨慎行军，无一人敢踩坏庄稼。

还有一个案例。

联想有一条规则，开二十人以上的会议，迟到者要罚站一分钟。第一个被罚的人是柳传志原来的老领导。罚站的时候他本人很紧张，一身是汗，柳传志本人也一身是汗。柳传志跟他的老领导说："你先在这儿站一分钟，今天晚上我到你家里给你站一分钟。"柳传志本人也被罚过三次，其中有一次他被困在电梯里，电梯坏了，咚咚敲门，叫别人去给他请假，结果没找到人，最终被罚了站。就做人而言，柳传志有一句很有名的话："做人要正。"柳传志是这么说，也是这么做的。在联想的"天条"里，就有一条是"不能有亲有疏"，即领导的子女不能进入公司，柳传志的儿子是北京邮电学院计算机专业毕业的，但是柳传志不让他入职联想。因为他怕领导的子女们一旦进了公司可能不好管理。

领导要带领众人共同遵守制度，首先自己要遵守制度。给下属做好示范，才能够确保制度的有效执行。企业任务的执行，关键在领导。领导要干在前面，才能给基层员工带来动力、压力和效果。具体怎么做呢？

首先，领导要身体力行。企业经营的主要决策、中心工作，各部门、各单位主要领导必须亲自策划、亲自督办、亲自推进，特别是对重点环节、突出问题，不仅要时刻关注，还要亲自示范、亲自实践，务求实效。要把全部的心思放在企业的项目上，谋发展，抓落实，在员工中起到带头作用。

其次，领导要带头抓落实。企业中的大小问题都要认真听取意见、查找问题、落实整改，必要的时候一定要保证在一线指挥，了解和处理问题。

最后，领导要鼓励员工放手放胆去干。领导在执行的过程中，不要把"权"字看得太重，要善于发挥员工的能动性，不专权、不独断，让副职有职、有责、有权，让每个员工肩上有担子、心中有事干。要胸怀宽广，豁达大度，善于听取不同声音，善于吸纳不同员工的意见，在工作中加深了解，在磨炼中相互支持，在相处中和员工增进友谊，形成同步协调的良好氛围，充分调动各方面的工作积极性。

## 为员工执行任务提供必要的指导与支持

许多领导都有自己一套周密的战略方案，但这些战略方案通常会成为空谈，为何如此？原因在于有些领导把战略当作不可触碰的"规则"，没有把它具体地告知给下属，结果下属是望着葡萄吃不上，我们常会听到他们抱怨："不是我不想，而是我不知道该怎么做。"

这样的领导，考虑的是组织的秩序，注重的是组织内所有成员的执行力，个体行为都要合乎规范，下属只有接受任务的份儿，工作过程中也只是被严格监督。如此，自然很难形成有效合作。

一位策划经理新加入一家广告文化公司，这位经理逻辑清晰，思路灵活，策划能力受到众人的赞誉，总经理也对他充满期待。没想到，在新经理上任一周之后，总经理就收到了很多员工对他的抱怨信件。为了平息公司内部的不满，总经理只好宣布对这位新经理的解聘决定。

这位新经理究竟做了什么事，才激起下属如此激烈的抱怨？让我们来看看员工们写的抱怨信，就能对情况有个初步的认识。

一位员工的话很有代表性，他写道："每次上班时，一进办公室就觉得背后有一双眼睛死死地盯着自己。无论我做什么，他都像探测雷达一样盯着我。他就像一个录音机，随时记录下我说过的每一句话……我都不知道自己这一天是怎么过来的，太恐怖了！"

也有员工不甘地说道："每次我把工作做完之后，他都会指东画西一阵子，说这不好那不好，都不合他的心意，就像我自己什么都不懂一样。我知道自己能力不够，但他可以教导我啊，我愿意学的啊。可他就是不，只是随便地把任务扔给我，至于怎么做，做到什么水平才行，他从不清楚地讲。碰到这样的上司，我宁可辞去工作！"

看到这里，我们对这位新经理的工作方法会有一个初步认识，对于他的失误也能找到一个关键的原因。首先，这位新经理是出色的，有不错的能力，否则也不会坐到这个位子上，但是，他只是注重下属的执行力，而忽略了自己的指导力，最后损害了执行力。

指导力是什么？指导力简单来说就是八个字：计划、组织、领导、控制。从结果上来看，指导力影响执行力，比执行力更关键！王永庆对此有一个深刻的阐述："一群老虎让羊带领，所有老虎都会变成羊；一群羊让老虎带领，所有的羊都会变成老虎。"

执行力的强弱不仅取决于下属信念的强弱，也取决于领导指导的能力水平。这也意味着，一个杰出的领导在执行过程中要注重提升自己的指导力，应该做一个高度关心执行过程、有效指导执行方法的"指导者"，指导下属去探索执行的规律、完善执行的方法、靠近执行的目标，而且这一切要贯通于执行的全程。

对于一个"教练型"的领导而言，他们把提升下属的工作能力当作自己的责任，他们会千方百计地去指导下属，帮助下属提升工作水准。他们明白，下属的优秀业绩，就是对自己工作的最好肯定。同时，通过大家的合作与付出，又会得到一个对彼此都有益的成果。

有一家知名公司在各地设有分支机构，最近，总部派出两名经理分别到甲分公司和乙分公司担任管理职务。总裁对甲分公司的经营情况比较担忧，因为去那里的这名经理是新手，他缺乏工作经验，并且那里的市场环境很不成熟，经营一直很困难；相反，他对乙分公司的经理比较放心，毕竟那里的市场发展已经成熟，去的经理也很有经验。没想到一年后，两个分公司的经营总额出现了戏剧性的逆转：甲分公司的市场占有率显著上升；乙分公司不但没取得业绩突破，在市场竞争中还表现出衰退趋势。

总裁百思不解，便先后赶往两个分公司查看，弄清其中的原因。经过查看，总裁发现，派到甲分公司的经理，尽管经验和能力都不如派到乙分公司的经理，但值得称赞的是，他喜欢把自己掌握的知识教给员工，并且时常对员工进行激励。不仅如此，还建立起很好的团队文化，鼓励大家齐心协力，共同奋斗。这位经理在工作过程中，重视自我进步、学习，自己的能力增强了，员工们也都成长为业务精英。他们能取得较好的成绩，也就是意料之中的事情了。

而乙分公司的经理，虽然个人能力强，但他只顾自己努力工作，没有注意到对员工的激励和培训。单靠一个人的力量是不够的，他的能力虽然很优秀，但下属却因为能力差，工作难以推进。这种能力的差距，也破坏了团队的凝聚力，很多人因此产生不满。最终导致的是，企业在整个市场中的竞争力日益下降。

甲分公司经理与乙分公司经理是两种不同风格的领导，这导致截然不同的结果。甲分公司经理更接近"帅"的角色——虽然个人能力不突出，但乐于与下属分享自己的技术和经验，重视培养下属的能力，进而提高下属的执行力。

有这样一句话："只坐在指挥部里听最后战报的上司，执行的结果往往不符合他的意愿，他最终听到的也往往是坏消息。"

管理者有无指导意识、指导能力高低，将决定着执行力的强弱。"指导力"是管理者本身的"执行力"！所以，要想做一名优秀的管理者，从现在起，在重视下属执行力的同时，也请发挥自己的"指导力"吧！

领导要想做到有效的指导，其实很简单：领导要求下属执行的那些目标，要清晰地告诉他们，让他们明白自己要做什么；在开始执行前，要根据他们的实际水平，和他们一起商量具体的步骤；在执行过程中，要及时地跟进，并提供必要的指导；当下属执行不佳时，不要只是抱怨说"执行力不行"，要多给予有效的意见和方法；完成工作后，要和大家一起分享工作心得。

## 与员工有效沟通至关重要

沟通不畅是执行力低下的主要原因。领导与员工沟通至关重要，因为领导需要从下属处获取相关信息来做出决策，而信息只能通过与下属的沟通才能获得。决策在执行过程中，也要与员工密切沟通。再好的主意，再有创意的方案，再完美的计划，没有与员工的有效沟通都难以执行到位，甚至无法实施。

公司经理罗伯茨对员工亚当斯不满地说："我半年前就通知了，我们公司要开拓服装类产品的市场，你怎么不懂呢？跟零售商沟通，探测零售商对我们新产品的反馈有多关键？你不努力，我们如何能做好后续新产品的推广工作？"

亚当斯说："我并未在新的服装产品上投入精力，因为它不是我们公司的重点项目。我专注于鞋类产品的开发，不知道公司要大举进入服装市场。如果我知道公司的这个战略，我会采用不同的方法。但您只说了一句'多花点时间'，我怎么能明白您的意图，您应该把公司的具体规划告诉我。"

这个例子告诉我们，员工对公司规划的实际状况不清楚，会给公司造成多大的损失。如果有事先的沟通，员工就能做出合适的工作调整，可以减少公司内部的冲突，也可以达成相应的任务目标。

现实中，有些领导在决策时不主动与下属交流，制定战略或目标时，基层的信息很少被采纳，大多是几位领导一起商讨出来的。当问及员工企业的目标是什么时，员工会说："那是领导的事，与我无关。"员工不清楚目标，自然就难以执行。所以在实际工作中，要及时全面地把部门的远景发展与各部门沟通，形成共识、达成一致。

有些领导在授权员工执行其决策目标时，不把原则、范围和资源条件说清楚，而是说："这件事就交给你了，你自己做决定，最后汇报我结果就行。"这样说，可能员工都不明白领导的意图，只能猜测着做，自然会导致执行不佳；即使少数员工领悟到了领导的意图，那也是偶尔。也就是说员工的执行力太弱，有时不一定就是员工的责任，可能是上级交代得不明确，太模糊了。工作中的沟通是必需的，领导至少要将任务向员工交代清楚。

沟通不良还可以导致缺乏信任，妨碍策略的高效执行。沟通的目的在于传递信息，如果信息没有准确地传递给每一位员工，或者员工没有正确地理解领导的意图，执行起来就会出现种种障碍。那么，领导如何才能与员工进行有效的沟通呢？

1.让员工对沟通行为及时做出反馈

员工对领导意图的误解，是沟通的最大阻碍。为了避免这种情况，可以让员工对领导的意图进行反馈。比如，当领导给员工安排一项工作后，可以再向员工问一句："你听懂我的话了吗？"有时，还可以让员工把工作重复一遍。如果重复的内容与领导的意图不一致，说明沟通出了问题，可以及时进行更正。

2.领导应积极倾听员工的发言

沟通是互动的过程，要让沟通有效，双方都应当主动参与交流。在员工表达自己对工作的看法时，领导应当专心地听取，不要忽视员工的任何意见。主动的倾听可以使领导站在员工的角度和立场上，更有利于准确理解他们的目的，另外，倾听的时候应公正地接受员工的发言而不轻易做出判断。当领导听到与自己不同的观点时，不要急于陈述自己的意见，因为这样会使你错过剩下的信息。主动倾听应当是认可他人所言，把自己的意见留到对方说完之后再表达。此外，领导在与员工进行沟通时应当尽量简化沟通的层级，越是高层的领导越要与员工直接沟通。

3.定时召开员工协调会议

企业每月可开一次公开协商会。在会上，员工和管理层可以共同讨论一些企业的发展问题及大家都关心的问题。无论是总部、各部还是各基层单位都可以举办这样的协商会。会前，员工可以把意见或不满反馈给参会的员工代表，代表们会在协商会上向管理层传达，管理层也可以借此机会向代表们解释公司的政策和计划，双方进行深入交流。

沟通好，事半功倍，理解清楚，执行才顺畅。沟通中要分清主次，工作才会有条理。掌握沟通节拍，广纳良言，让沟通有利于执行。企业的领导要擅长引导员工的思维进行沟通，有效的引导沟通，就能发现问题、解决问题。沟通不是单纯的指令，如果封住了员工的口，就是封住了员工的心，心里有疑问，执行就会缺乏力量。当然，在实际工作中，员工在沟通时态度要主动，抱着一定完成任务的信念进行沟通。同时，沟通过程中还必须如实反映，不夸大其词。

通过沟通可以让大家对工作的成果达成一致，对共同的利益达成共识，促使不同利益的人、不同知识结构的人、不同行为方式的人、不同性格的人、不同喜好的人，甚至个人关系相互独立的人合作起来，共同去完成一项任务。

在日常工作中，领导要勇于打破思维惯性和传统经验的限制，不断探索新的沟通思路和方法，使执行的力度更强、速度更快、效果更佳。

## 执行过程中，要做到赏罚分明

企业在发展的过程中，常常会遇到一个棘手的问题，就是执行力日渐减弱，企业领导的很多设想、很多决定，甚至是很多决议、很多命令，在执行的过程中都变得不堪一击，员工的热情、自主性和凝聚力越来越低，导致经营效果下滑，甚至陷入困境。那么，如何克服这个问题呢？

合理的奖励可以调动员工的积极性和潜力，惩戒可以纠正员工的失误和态度。在执行的过程中，奖励和惩戒是非常有用的管理手段，但是在实际应用中，不是每个领导都能够操作得宜，达到预期的效果；有时也会给领导添乱，造成反作用。

过小的奖赏，会让员工认为企业吝啬，激不起干劲；过低的惩罚，也发挥不了警诫的作用。过高的奖赏，领导可能自己也不情愿执行；过高的惩罚，员工肯定也不乐意接受。另外，若领导经常随心赏罚或是偏袒某些人，还会招致非议，失去公正而导致失去人心。

因此，无论奖赏或惩罚，都要在制度中清楚明晰，让所有员工知晓，以后的顺利执行就不是什么难题了。制定制度时，首先要赏罚适中。特别是惩罚，其目的和作用是防微杜渐，因此做出的惩罚，要让当事人没有抱怨，达到让所有员工警醒的目的就可以了。在奖赏方面，员工当然是欢迎有加，喜欢好处多多，可是领导又希望能节省开支。所以，就要求管理者在具体操作中掌握一定的技巧，做到大家满意。

应该奖励谁，应该惩罚谁呢？对于一个企业的领导来说，不是那么简单，必须做到以下几点：

1.要明确每个员工的工作目标

为员工制定清晰的工作目标，用达成目标的程度评定谁应该奖，谁应该罚。要做到这一点，首先需明确企业的发展方针，制订企业发展的战略计划，并且落实到企业的经营目标中，再根据企业的经营目标设计科学的组织架构与人员配置，将企业的经营目标分配到每个员工的工作目标中。

2.要明确每个员工的工作标准

只有目标，没有相应的工作流程、工作规范、工作标准，就很难让员工完成相应的工作，如此奖罚也就没有了意义。管理者必须对企业的业务流程进行优化，必须对工作的流程、规范、标准进行科学的制定与分配，建立现代企业管理的基础体系。

3.建立科学的评估与改进系统

有了目标，有了工作标准，企业的基础管理就稳固了，这时候就要考虑如何评估员工的工作，才能真正弄清楚"应该奖谁，应该罚谁"。首先要建立一套科学的、可操作的评价系统对每个员工进行科学的评价，以确定奖罚范围，同时根据评价结果对各项工作进行持续改善。另外，奖惩还必须有理有据，合乎情理，不能以权压人，更不能掺杂个人恩怨。

一所在英国声名卓著、教学水平优秀的学校，突遭三名核心教师集体辞职，随后又有多位教师纷纷离开的事件，对学校师资队伍和声望造成巨大的打击和影响，导致招生人数骤减一半，教学秩序严重紊乱。原因竟是学校为强化管理而实施的严苛的违纪罚款制度。

该校规章要求：主讲教师每周六必须向校长递交三份工作报告，而且工作报告项目繁杂，主讲教师每天要上7个课时，每周要满负荷授课6天，任务艰巨。结果这三名教师均未按期提交报表，按规定每人罚款50英镑。三名教师均不认可这种惩罚而并未缴纳，还与财务人员发生争执，教务主任一气之下，又按相关学校惩罚规定，向财务人员下达惩罚指令，从三名教师月底工资中加倍扣除罚款。最终导致矛盾加剧、升级，三名教师同时提出辞职。

制定制度强化管理本身并无过错，那么错在哪里呢？是制度不合理。处罚的对象应是屡教不改的人，教师在讲台上辛勤付出，每日工资也不高，如每月发生几次这样的处罚，教师的月工资必将大幅度缩水，心里难以接受。如此处罚制度使管理变成非理性的行为，教师与领导之间的关系日益紧张。而且，学校的一些制度也妨碍了教学任务的进行，导致教师反感，工作情绪化，无法专注授课，整日惴惴不安，如临深渊。

处罚执行中的态度与方法，也会使处罚的性质发生变化。让一件原本并不复杂的事件变得复杂起来。在这个处罚事件中，教务主任的粗鲁、简单化处理导致被处罚的教师在心理上产生反抗，并产生各种联想，认为教务主任利用罚款制度报复私怨或借制度达到打压他人的目的等，最终导致矛盾加剧。

其实，企业设立恰当的奖罚制度，能够促使员工内部竞争，达到优胜劣汰的效果，可以最大限度地激发员工的积极性。但是企业必须做到奖罚明确，制度合理、公正。奖励必须是团队非常渴望的，惩罚必须是团队非常痛苦的，用奖励推进，用惩罚威慑，双向驱动，才能确保执行力达到最佳状态。

## 处理事情时要坚持原则

所谓原则，就是所有工作都要遵循企业规定的程序执行，而不因为各种各样的理由采取变通的方法。

也许有些员工会觉得，当程序不合理或者遇到"特殊情况"时，应该避开规定的程序。但是，无论程序是否合理，情况是否特殊，只要员工在工作中未按程序执行，就绝对不是一个有执行力的员工。因为企业的任何程序都不可能做到完全合理，而员工所谓的"特殊情况"往往也并不特殊。

华为总裁任正非在引进西方管理体系时，提出了"先僵化，再优化，最后固化"的观点。具体来说，就是西方的管理体系刚引进企业时，即使它并不能完全适用于企业的现状，也不能立即进行修改；而是员工要"削足适履"，努力去适应新的管理模式；等到员工在新的管理体系下养成规范化的工作习惯后，再对管理体系中不合理的部分进行优化，使之适合企业的发展现状；优化之后，就对管理体系进行固化。所谓固化，即程序化、标准化。

任正非强调的"先僵化"，就是要求全体员工，不管新的管理制度是否合理，都要在刚开始执行的一段时间内无理由地执行。所谓的无理由，并不是要求全体员工在执行过程中不去思考，否则，就不会有后面的"再优化，最后固化"了。

"先僵化"主要针对部分喜欢耍"小聪明"的员工。任何制度都不可避免存在缺陷，喜欢耍"小聪明"的员工总能找到不遵守制度的借口。如果纵容他们继续这样，就会影响其他人按规定办事。

在人情浓厚、物欲膨胀、关系交织的社会里面，要想坚持原则，并不容易。所有的人都有可能成为你按流程执行的阻碍，只要你顾及面子，受制于人情，你就会因为他们各式各样的"请求"而违背按流程执行的原则。

一般来说，最在意流程管理的人是领导，但最缺乏流程意识的人也是领导。因为领导要处理的事情非常多，而且会有很多临时出现而又急需处理的事情，所以他常常会跳过流程，直接指挥某个员工。

有一家公司招聘安全部主任，薪水很高，吸引众多人来应聘。负责面试的行政副总神情冷峻，非常严肃。第一轮面试结束后，行政副总带着应聘者到公司的各个地方走了一遍，然后要求他们对公司的安全状况提出意见或建议。

当然，这家公司的安全措施做得很完善，甚至可以说完全没有任何可以提出建议的地方。所以，行政副总的这个要求，让大家觉得难以应对。应对不了的应聘者放弃了应征。最后，只剩下两个人，一位是40多岁的中年男士，面露微笑，一副胸有成竹的样子；另一位是20多岁的年轻女孩，嘴角紧闭，但看得出来她心里正在思考什么。

行政副总把身子往前倾了倾，请年轻女孩暂时回避一下，让中年男子先回答问题。不到3分钟，中年男子走了出来，示意年轻女孩可以进去了。

年轻女孩走进房间，脸上已经没有之前的焦虑，反而显得很从容。行政副总依然一脸冷峻，要求年轻女孩回答之前的问题。"贵公司的安全措施做得非常周到，可见平时是花了心思的，但是，"年轻女孩加重了语气，"您作为公司的行政副总，在带领我们参观公司时，却无视安全规范，随手抽烟，并将烟头乱丢。高层领导不能身体力行，这就是最大的安全隐患！"

"哈哈哈哈……"年轻女孩话音刚落，行政副总立即开怀大笑。

接着，行政副总向年轻女孩伸出了手，说："欢迎你加入本公司。从现在起，你就是本公司的安全部负责人了。我们需要的就是像你这样敢于坚持原则的安全部负责人。不管是谁，不管他职位有多大，只要违反原则，就要接受惩罚。"行政副总说罢，又补充了一句："刚才那位男同志也注意到了问题，而且安全经验非常丰富。可惜的是，他跟我绕了半天弯子，就是不敢直接对我提出批评！"

坚持原则不见得一定会得到回报，但不坚持原则最终受到损失的还是自己。

2002年2月1日，顺驰公司召开全员大会，宣布了一个令人震惊的决定：解除置业公司总经理的职位。这位姓李的总经理被解职，缘由却只是一件小事——招聘了一位曾经损害过公司利益的员工。

2001年，窦姓职员违背公司规定，利用职权为己谋取私利。这种行径，触到了顺驰公司的制度底线，是绝对不能容忍的。因此，这位职员马上被开除。

李总经理上岗后，因为朋友情谊，把窦姓职员招入公司，他的行为触犯了公司的底线。李总经理虽然业务精湛，人际关系也很好，但也没能免于被处罚。当时的顺驰老板孙宏斌认为："做出损害公司规范的事情，背离了公司的基本原则，就应该离职。领导在根本的原则问题上判断错误，影响了公司的氛围，就不配做领导。"

顺驰对于违背公司核心价值观的行为一直都持"零容忍"的态度，坚决把不符合核心价值观的人清理出去。据悉，在顺驰倒闭之前，从公司执行总裁到总经理、副总经理，都有因违反原则而被赶出顺驰的案例。最严重的一次是2003年春季，顺驰天津置业公司的连锁店发生一起"私下成交"事件，其中牵扯到总部的一位总裁，其原因是其利用亲属的公司承接本该属于顺驰的业务。结果，该连锁店的员工全数被解雇，涉事的总裁也被开除。孙宏斌在宣布处理决议的全员大会上说："这是一个简单的判定，也是一个必须做出的决定。"之所以说简单，是因为这种行为背离了企业的基本规范，没有任何可以值得辩护的理由。

领导虽然不能总是严格遵守制度，但毫无疑问，他是维护公司制度的关键人物。明白了这一点，我们就应该知道，按制度执行工作并不难，领导总会支持你。所以，不要因为怕得罪人而违背原则，这不是一个合理的辩解。

要坚持原则不放松，还要有不被利益诱惑的定力。如果做不到这一点，遵循原则就只是一句空话。特别是一些掌握权力的中高层领导，经常被一些别有用心的人巴结，跟他们拉关系、套近乎，甚至用"糖衣炮弹"来诱惑他们。因此，企业的中高层领导，必须有不被利益诱惑的定力。

侥幸心理会使人违背原则，是导致许多安全事故的罪魁祸首。实际上，侥幸心理不仅会引发重大安全事故，也会造成工作中的失误。只要人们摒弃侥幸心理，严格遵守制度，精益求精地完成工作，那么"意外"的发生概率就会大幅下降，而人们的执行力就会显著增强。

## 完善执行制度，确保执行有力

无规矩不成方圆，在企业里更是如此。人的自觉性因人而异，一个企业如果没有制度的规范，就会执行无力、毫无章法。因此，要保证执行有效，就需要用制度来约束。科学地建立一套合适的规章制度，执行到位，就会在执行过程中达到事半功倍的效果。

制度，就是规范或纪律。企业中，制度能够约束员工的相关行为，保证工作的顺利进行。一个部门如果没有制度，就会松散无力，执行不到位。哪怕是有缺陷的制度，也比无制度要强。用制度来发声总比靠个人的指挥更有威力，执行起来也更高效。

企业是由员工构成的，但是每个员工都有复杂多变的价值观和行为特点，这就需要企业必须建立有利于共同理想和精神价值的制度氛围，来控制、规范员工的行为，达成企业的共同利益。

作为企业领导，还要不断关注制度的合理性、完善性，发现不适用或不合理的规定要及时调整、持续改革。可以这样说，优秀的规章制度，必须随着时代的发展不断进行革新。

艾丽萨是一名广告业务员，因一时冲动，与领导发生口角，结果被公司无情地解雇了。她怀着满腔愤慨，来到报社，希望通过媒体的力量，揭露这件事的真相，为自己受到的不公正对待争取一个公道，她埋怨道："公司的规矩太苛刻，员工只要和领导有点分歧，就会被扫地出门！"

事情的经过是这样的，艾丽萨在工作流程中漏填了一份表格，结果被主管狠狠地训斥了一通。艾丽萨当场反驳道："前几天有人也没填啊，你怎么就只针对我？"主管道："这是公司的规矩，你作为员工，就要听从主管的指示。"艾丽萨闻言更加气愤，说："你难道不会弄错吗，你弄错了我也要盲从你吗？"主管听了这话，也火了，喝道："你要是不满意，就可以滚蛋！"第二天，艾丽萨还是按时来上班，没想到却被公司通知：因为她"对抗上司，违背公司制度"，公司决定将她开除。

艾丽萨对这个开除决定十分不服："我一听说要被赶走，就觉得太冤枉了。他们根本没给我解释的机会，凭着一面之词，就说我对抗领导。"

记者为了调查艾丽萨的遭遇，从公司的人事主管约翰那里得到了消息，他说公司的规章制度明确规定，员工要听从领导的安排，和领导顶嘴且还恶意顶撞，就是严重违纪的行为。所以约翰认为，按照《美国劳动雇佣法》中的规定："劳动者严重违反劳动纪律或者用人公司规章制度的，用人公司可以解除劳动合同。"他觉得公司开除艾丽萨，理由非常充分。

艾丽萨对此感到十分委屈："'和领导顶嘴就是严重违纪'这样的规定根本不公平。而且'恶意顶撞'的界定太模糊了，我只是表达了自己的看法，和上司辩了几句，怎么就成了恶意顶撞了？我一直是个守规矩的员工，那天和主管发生口角也只是情绪激动，不该因此被开除。"

艾丽萨只是因为工作上的问题，和上司发生一些口角，按理说不应该被解雇，但她违反了公司制度，被开除是执行力的外在表现。

贵在执行，一个制度即便很合理、很完善，不能严格地去执行，那也等于零。企业制定规章制度，其目的就是执行，若徒有形式则毫无意义可言。如果缺乏明确的规章制度，工作中就非常容易产生混乱。如果有令不行，则更容易造成无序和浪费，这是非常糟糕的事。

许多员工把规章制度等规范都看作是企业的需要，却没有认识到其更重要的一面：规章制度更是个人成长的平台。员工要认识到严格执行制度的重要意义，要学会在制度的约束下成长，要学会利用制度给予的资源发展自己、提高能力。这不仅是一种职业纪律，更是一种职业技巧。

美国加州一所幼儿园小班老师露茜，综合能力强，工作积极，经常加班加点地工作，是幼儿园里一位德才兼优的骨干老师。

有一天，露茜值中午班，检查孩子们睡觉情况时，看到爱莎手里拿着一颗白色的小药丸，露茜马上问道："爱莎，你怎么带药来了？为什么不跟老师说一声？是谁给你的药？"经过露茜的多次追问，爱莎才说药是妈妈给的。原来爱莎早上出门前，发现妈妈在服用感冒药，药丸圆滚滚的，白里透红，她觉得很好玩就偷了一颗，妈妈虽然看到了，但因为赶时间就没在意。

露茜知道原委后，轻声地告诉孩子不要随便玩药丸，于是就把爱莎手里的药丸拿走了。放学后，爱莎的妈妈来接她，露茜把事情的经过告诉了爱莎的妈妈，爱莎的妈妈却不愿承认，一口咬定没有这回事。露茜有些着急，责备家长不告诉老师孩子带药的事，还不肯认错，万一出了事怎么办。第二天，露茜又看到同样的情况，非常生气，觉得爱莎的妈妈太不尽责，不体谅老师的辛苦，她一边教训孩子一边把药从爱莎手里拿走，收了起来。爱莎的妈妈来接孩子的时候，爱莎跟妈妈说，露茜老师打了她的手，讨厌她。爱莎的妈妈很心疼孩子，就去问露茜为什么打孩子，露茜不承认打孩子，也没多说什么，就走开了。爱莎的妈妈见状，以为露茜打了孩子还不认账，就大声地骂露茜，露茜在众多家长面前受不了这样的侮辱，就和爱莎的妈妈吵了起来。

第三天，爱莎的妈妈径直去找了幼儿园的园长，指责露茜，说露茜欺负孩子，态度粗暴，要求幼儿园给她一个交代。园长立刻对露茜进行询问。原来老师把孩子手里的药拿走时，顺手把孩子手掌上的药屑也拍掉，老师看孩子不高兴，又拍了拍她的手，就以为老师打了她。

园长了解到情况后，先是表扬了露茜对工作是尽职尽责的，并真诚地提醒她，作为一名老师，即使工作忙碌，也不能顾此失彼，要随时注意自己的言行，更要重视与孩子家长的沟通和交流。露茜听完园长的话，心里的不平慢慢平息，表示同意按照幼儿园的规章制度扣除当月的奖金，并向家长道歉。

案例中园长对幼儿园老师露茜的惩罚，反映了园长贯彻制度的坚持性和一贯性。园长没有因露茜是幼儿园的骨干就因情面而让步，也没因为露茜常常加班加点工作而搞特殊化。园长不顾面子，一视同仁，防止了执行制度过程中因人而异造成的不必要争执，也给全体教职工树立了榜样，促进他们主动遵守幼儿园的各项规章制度。

制度影响员工的行为，把制度落实到行动上，就有了执行力的保障。在制度执行的过程中不顾面子、不找借口，一丝不苟地执行，才能保障企业的效益进一步提升，才能在市场竞争中战胜对手。

# 第四章
## 用人之道：商业行为的终端是人才的竞争

　　企业中没有无用的人才，只有不懂用人的将帅。每一个人都有自己的优势和短处，作为管理者，要对员工了如指掌，知道他们擅长什么和不擅长什么，再根据员工的优势，把他们安排在合适的岗位上，才能保障企业的健康发展。

## 能力至上是不变的用人宗旨

索尼公司刚刚成立时，盛田昭夫费尽心机招揽人才。当他第一次见到大贺典雄时，大贺典雄还只是一名音乐系的学生。盛田昭夫对他的印象非常好，觉得他像自己一样性格直率又有见地。然而，令人无奈的是，大贺典雄并不愿意加入索尼公司。

1959年，盛田昭夫热情邀请大贺典雄一同前往欧洲，目的是开拓新的半导体收音机经销渠道。在整个旅途中，盛田昭夫不断地劝说大贺典雄加入自己的公司，然而大贺典雄毫不客气地指出索尼公司存在的许多问题。他强调，索尼公司虽然是由工程师创办的，并不意味着一定要由工程师来经营。这个新观点让盛田昭夫感到意外，他一直以为自己是见多识广、勇于尝试的人，可是为什么突然间感觉自己落伍了呢？

盛田昭夫并不在意他直言不讳，反而继续以劝说的口吻说道："只要你加入索尼公司，就有机会参与经营管理，从而改变这种局面。"但仍然遭到大贺典雄的拒绝。经过盛田昭夫多次恳求，大贺典雄终于被打动，进入索尼公司。盛田昭夫给予他一个重要的职位，让他担任专业产品总经理。一年半后，更是让他全面负责录音机产品。五年后，大贺典雄34岁，成为董事会中最年轻的一员。索尼公司这一举动，在那个弥漫着浓厚传统文化氛围的日本公司中非常罕见。

大贺典雄没辜负盛田昭夫的厚爱，他的出色表现赢得了公司所有人的一致认可和赞赏。就在大贺典雄刚刚加入公司的那一年，他以出色的口才从其他公司成功招揽了40多位优秀人才，为索尼公司带来大量无形的财富。

盛田昭夫表示，在公司刚创立时，不要说大贺典雄到处"挖墙脚"，甚至自己也要四处招贤。当然，始终坚持能力至上的原则，从来没有改变过。

其实，不光是盛田昭夫的索尼公司以能力来衡量人才，"能力至上"几乎是每个企业的选才标准。

每个人都有的独特能力，是由技术、职业培训和工作实践所获得的严格意义上的业务能力、首创能力、社交能力、协作能力和冒险精神融合而成的。

企业的发展与员工能力之间存在着毋庸置疑的直接联系。现在的企业面临着前所未有的全球化竞争，优胜劣汰是竞争中不可避免的规律，那些没有核心竞争力的企业最终注定会被淘汰出局。一个企业的核心竞争力有多强，决定它在竞争中能否取得最终的胜利，而最终获胜的企业必定是那些拥有强大核心竞争力的企业。员工个人能力+企业和谐力=企业核心竞争力。通过对该公式的探索和研究，不断提升员工的个人能力和企业的和谐力，才能持续提高企业的核心竞争力。只有这样，才能在激烈的全球化市场竞争中屡战屡胜，使企业的未来更加强大和美好。

为了获取优秀的人力资源，不少企业的经营者特意让专业的招聘人员负责企业的常年招聘。常年招聘只是一种形式，能否招到优秀的员工取决于很多方面的因素，其中审查应聘者的能力是最难的问题。下面就是招聘人员在考察应聘者能力时应注意的几个问题。

1.不能凭简历识人

作为管理者，可以通过简历初步了解应聘者的大致情况，从而判断是否有必要安排面试。但尽量避免仅仅依靠简历来对应聘者做出深入的评价，也不应该因为简历对面试产生影响。不可否认，很多简历存在虚假或夸大的成分，但可以理解，因为每个应聘者都想展示最好的一面，谁都希望把自己的全部优点写进简历中，同时将自己的缺点隐藏起来。如果被应聘者的自我包装所迷惑，很有可能会错误地将一个毫无能力的人当成人才招进来，等到后悔时已经晚了。

2.认真分析应聘者的工作经历

对于那些有着丰富工作经验的人来说，要看重他的工作经历，而不是仅仅依靠学历来衡量对方的能力。应聘者以前所处的工作环境和他以前所从事的工作，是最能展现他的需求特征和能力特征的地方。特别是那些从事高新技术研究的人员，如果在过去的两三年里没有在这个领域里工作过，很难说他们能够真正掌握这方面的先进技术。此外，可以通过应聘者的工作经历来了解他的价值观和价值取向。这些方面比学历所展示的信息更加重要。

3.重视求职者的个性特征

考察应聘者的个性特征的前提是对方已经具备岗位所需的专业技能。首先，考虑他的性格特征是否适合这个岗位，并且是否有发展潜力。有一些应聘者可能在专业技能方面符合该岗位的要求，但是个性特征可能会限制他们在这个岗位上的发展。分析应聘者的个性对于管理者的招聘决策非常重要，通过这一方式可以帮助管理者判断应聘者是否适合这个职位。

## 敢于重用能力超过自己的人才

一些管理者思想落后，宁愿用顺从无能的庸人，也不愿重用才能比自己强的人才，导致一些人才因为没有施展空间而离开。不能重用比自己能力更强的人很大程度上是因为嫉妒。

"敢不敢重用比自己能力强的人？"这可能是管理者在用人时所面临的最大考验，也是管理者最常见的问题。

"他都比我强了，那在其他员工眼里，是他指挥我，还是我指挥他？"某企业管理者直截了当，一语道破，这种"武大郎开店——不许伙计胜过老板"的心态昭然若揭。其心态主要表现在以下几个方面：

（1）"我不如别人就意味着能力不足，能力不足可能会失去员工的信任，没有信任就无法做好管理工作。"

（2）"员工中有人的能力超过我，那么肯定会对我的地位有所觊觎，迟早想要替代我，何必给自己树敌呢？"

（3）"有才华的人都或多或少有点志向，早晚要自立门户，我为什么要给他创造一个成长的机会，到时候给自己招来对手呢？"

（4）"公司里，天是老大，我就是老二……"

在如此心态的影响下，管理者通常希望别人用放大镜来欣赏自己，而他自己却用显微镜来挑剔别人。当比管理者能力强的员工工作得到各部门的认可和支持时，管理者会觉得他们是在建立自己的威望而且是在动摇他的位置。因此，管理者会故意地冷落他们、压制他们，从而严重地打击这些员工的积极性。

这样的"武大郎心态"其实是一种软弱的表现，外表的强硬掩盖不了内心的不安，反映出自信心的严重缺乏。真正的强者，愿意接纳比自己有能力的下属。因为他有信心能控制局面，不在乎别人对自己是否绝对顺从，有能力赢得别人真心的尊重；更因为他看重的是才华，也更关注企业发展的全局。

在用人的问题上，人尽其才是一种理想状态，它虽不是一日之功的事情，却是企业努力追求的目标。这就要求管理者在选用员工的过程中去掉杂念，真正做到靠素质和能力用人。

若想使企业充满活力与生机，必须选贤用能，聘请一流人才，而不能"武大郎开店"，害怕对方超越自己。其实，敢用能力比自己强的人不仅可以表现出自己的胸怀，也是信心与能力的体现。如果都能像汉高祖刘邦那样虽不擅领兵，却擅统帅，则即使不是一流人才，只要能知人善用，企业就不愁发展壮大了。

摩根是华尔街的富豪，他喜欢用比自己更强的人做自己的得力助手。南方人萨缪尔·斯宾塞比摩根年轻10岁，非常聪明能干。斯宾塞出生在佐治亚州，在南北战争期间是南军的一名骑兵。战后，斯宾塞在佐治亚大学学习工程学，毕业后加入巴尔的摩-俄亥俄铁路公司。由于他出众的才华，很快就成了总裁办公室的特别助理，后来又升任为副总裁。正巧那时，这家铁路公司因为亏损而面临破产，斯宾塞"挺身而出"，让这家铁路公司重获新生，他的优秀管理能力在这一过程中得到了充分的体现。

摩根作为公司资产的主要掌管者，很快就发现了斯宾塞在经营和管理方面的卓越能力，他认为斯宾塞在某些方面甚至胜过了自己。对于渴望人才的摩根来说，最大的兴趣是发掘人才、重用人才，因此他绝不会错过任何一个人才。由于对斯宾塞的才华十分欣赏，摩根提拔他为总裁，而斯宾塞也没有让摩根失望，成功地为企业偿还了800万美元的债务。因此，更加赢得了摩根的信任，斯宾塞最终成了摩根的左右手之一。

柯士达是摩根的另一位得力干将，比斯宾塞还年轻5岁。他的祖上在独立战争之前就在纽约做生意，从事西印度群岛的糖、咖啡和朗姆酒的贸易业务。因此，柯士达的血统里流淌着祖先的优秀品质。

柯士达是个勤奋敬业的人，每天早上6点左右就出发去上班，一直忙到深夜，甚至还要把文件带回家继续看。柯士达还有一种花最小的成本、赚最大的利润的超凡能力。他被摩根赏识和重用，在华普利与摩根合作辛迪加投资银行的时候被摩根以挖墙脚的手段挖了过来。

之后，摩根对这位心腹参谋更加器重，使得铁路的"摩根化"大获成功。当柯士达接到摩根下达的"铁路摩根化"的命令时，就马上花了一个月的时间去调查这条铁路。为了全方位地进行调查，柯士达简直倾尽全力。他不仅乘坐火车观察，甚至走下月台，静静地坐在飞驰而来的列车旁，仔细检查枕木与铁轨的状况。甚至，他还会亲自开动火车头试一试。

广告大师奥格威曾经说过一句名言："用人的最大错误就是没有任用比自己聪明的人。"为了说明这一观点，奥格威在每个董事的椅子上放了一个套娃，并请诸位董事打开看看。大家依次打开套娃后，发现里面还有一个套娃，再打开里面又发现一个更小的套娃，当打开到最小的套娃时，上面有一张奥格威写的纸条："如果你永远聘用不如你的人，我们就会成为小公司。反之，如果你永远聘用比你聪明的人，我们就会成为高大雄伟的巨人公司。"奥格威的这一用人思想值得企业借鉴。

## 根据员工的优点进行授权

适当授权给下级有利于企业的团结协作，下级不再被动听从上级安排，而是积极配合上级工作；还可以提高员工的工作积极性，让员工勇于展现自己的能力，增强创新力，为公司做出有创意的贡献；有利于管理者把精力放在重要问题上，做出一些关键决策，推动公司的发展更上一个台阶；有助于人才的培养，它将知识和技能传承下去，促进员工去思考问题、提出问题、解决问题，同时也为企业带来更大的收益，使企业持续且稳定地发展下去。

本田公司成立于1946年，是日本技术与活力的象征，也是日本大学生梦寐以求的工作地。本田在短短几十年内对日本青年产生了巨大的影响，这与本田的领导层对员工的充分信任是密不可分的。他们视员工为企业的宝贵财富，在工作中赋予员工充分的自主权，发掘员工的潜能，培养员工的合作能力，提升员工各方面的素质。

公司内部，无论是高层领导还是基层员工，都不以职位相称，而以"先生"相呼，公司董事没有独立的办公室，而是采用"董事共室"办公制度——一个大房间办公。高层领导干部到50岁就主动退位，选拔年轻人，为公司注入新的生机与活力。

本田株式会社第二任社长河岛，有志于打入美国市场，决定在美国建厂前，企业内部成立了筹备委员会，该委员会集合了公司最优秀的员工。员工负责所有细节方案的制定，而河岛本人只负责决策，不干涉方案的制定，他相信员工制定的方案比自己做得更好。位于俄亥俄州的厂房基地，河岛完全交给员工去完成，自己一次也没有到现场视察过，这充分说明河岛对员工的信任。当有人对河岛不去美国考察表示疑问时，他说："我对美国不了解，既然懂它的人认为这块地不错，就应该相信他的判断啊！我又不是地产商，也不是财务先生。"河岛将财务和销售两大板块的重要工作全权委托给副社长处理。这一做法延续了本田的做事风格，充分体现了河岛在管理上的明智之处。

1985年9月，东京青山竣工了一栋富有现代气息的大楼，英国王子和王妃访日时参观了这栋大楼。对此事各大媒体争相报道，本田青山大楼从此名声大噪。本田宗一郎本人在本田公司兴建这座大厦时，并没有提出任何看法和建议，他将职权下放给年轻的一辈，让他们出具各种方案，对整个大厦进行设计，建造这座大厦。这座大厦的竣工，汇集了很多年轻人的思想、才智和心血，也充分体现了本田管理者信赖下级，激发员工积极性的明智之举。

久米是第三任社长，"城市"车的开发，展现了公司的授权精神，他让一群20多岁的年轻人负责"城市"项目，有的董事不放心，觉得这些年轻人不可靠，但久米不理会他们的反对，坚持支持年轻人的创新，他说："年轻人认为可以做到，就给他们机会吧。"年轻的技术人员不在乎别人的看法，他们对董事们说："这车是为我们这代人设计的，不是你们。"在久米的鼓励和技术人员的付出下，一辆新车型，突破了汽车一定要流线型的传统，新车"城市"诞生了。

有的保守的董事还在担忧：这么怪的汽车，谁会买呢？但技术员坚信，这就是年轻人的潮流，他们想要一辆这样的车。果然，这款车一经推出就受到了年轻人的欢迎，很快在年轻人的圈子里火了起来。久米之所以能够带领本田公司走向辉煌，就是因为他敢于任用年轻人，擅长发挥每个人的长处，并给予他们充分的授权。

在企业成长的过程中，管理者所面临的最大挑战之一，便是授权。授权是一个企业成长的关键。如果管理者有心授权，却不懂得授权之道，就不能发挥员工的能动性。要想最大限度地发挥员工的能动性，就需要给员工授权。授权时应注意以下几点：

1.挑选人才，视"能"授权

街亭之战，孔明北征，马谡失误，不是他的错，而是孔明没让魏延当先锋，选了马谡。这是授权者选人不当造成的。授权时要选好人才，看员工的优点占七分，缺点占三分，如果只关注员工的不足，就会对员工的工作不放心，员工也无法在工作中展现自己的才能。每个人都有自己的强项，也有自己的弱点，授权者要让人才发挥所长，充分利用员工的自主性，激励员工工作的积极性；对能力高的人，要给他们更多的权力。这样既能把事情办好，又能从各个方面培养人才；对能力低的人，要细心观察他们在工作中的表现，根据表现而定。

2.授之有据，一授到底

管理者要用书面的方式授权，比如授权书、委托书等，这样既能证明授权的事实，防止个人或其他部门不听从的情况；也能约束被授权者不要做超出权限的事，还能防止被授权者对自己该做的事推脱责任，更能提醒授权者已经把权力交给别人，不要对权力不放手。授权要一次到位，不要犹豫不决，这既是对员工的尊重，这种尊重让员工在工作中更加用心，更是对员工的鼓励，最大限度激发员工的主动性。

3.目标明确，信任为本

刘备临死前把权力交给了孔明和李严，但孔明对李严一直不信任，怕会有意外，什么都亲自做，李严的能力没有施展出来，两个人的关系也因此恶化。管理者明确了部门的工作目标后，就要信任地让员工去完成，不要因为被授权者有点小失误就把权力收回。这样会让被授权者感觉自己不受信任，有被骗的感受，影响工作的心情，导致工作中的问题不仅没解决，反而更加严重。管理者既然把权力交给了员工，就应该以信任为本，放手让员工去做事，不信任是对员工最大的打击。

4.监督指导，权责一体

管理者授权时，还要清楚地告诉被授权者，公司会安排人员定期检查其任务的完成和工作的进度，以提高员工的责任心。授权后，为了让员工能快速适应工作，管理者要对被授权者耐心指导。管理者不要以为给了权力就可以不管了，即使权力交给了员工，但是有了问题，自己还是要负主要的责任。所以，管理者要及时发现并改正被授权的员工在工作中的错误；如果员工有困难，要仔细指导，帮助员工克服困难；对于员工因为经验少而出的错，管理者要敢于担责，给员工一个轻松的工作氛围，鼓励员工学习经验教训，在以后的工作中更加努力，为公司增加效益。

## 知人善用，把人才放在合适的位置上

企业里，知人善用很简单，把人才放在合适的位置上就行了。制定有效的人员晋升与人员配备的策略，有以下几个简单而又重要的步骤：

1.搞清楚任命的核心问题

任命之前，至少要先弄明白任命的理由和目标，然后才面临的是寻找合适人选的问题。

"现代管理学之父"德鲁克强调，职位应该根据工作的要求而设定，而不应该根据人的特点而调整。德鲁克认为，如果"因人而设职"，组织中任何一个"职位"的变动，都会导致一系列的连锁反应。组织中的职位，都是相互依赖的，牵一发而动全身。因人而设职，必然会造成"人岗不匹配"的现象。

德鲁克指出，只有这样，我们才能为组织挑选合适的人才。也只有这样，我们才能忍受各种人的性格和个性的差异。只有忍受了这些差异，内部关系才能以"工作"为核心，而不是以"人"为核心。

2.确定一定数量的候选人才

这里的重点是"一定数量"。合格的候选人是考虑对象中的少数，倘若缺少一定数量的考虑对象，选择的空间势必就会减少了很多，确定合适的人选难度相对就有所提高。要想做出有效的人才决策，管理者至少应该关注3~5名合格的候选人。

**3.用人要用人的长处**

如果一个管理者充分认识到任命的目的和意义，就能明白，最应该重视用人的什么方面。关键的问题不是"候选人能做到什么？做不到什么？"，而应是"候选人所拥有的优势是什么？这些优势是否符合于这项任命？"。缺陷是一种障碍，可以将候选人排除掉。例如，某人是技术方面的专家，但任命所需要的人选首先必须有组织团队的能力，而这种能力正是他所缺乏的，那么他就不是适合的人选。

德鲁克非常清晰地对比了两种用人的思维方式：一种是只看人的优势而用之；另一种是注意人的缺陷。前者能使工作达到高效的状态，后者却只会使工作止步不前。

优秀的管理者能让人展现专长，明白用人不能以其缺点为依据。要想获得成果，就需用人之所长——他人之所长、上级之所长及自我之所长。每个人的长处，才是他们自己真正的机会。发挥人的长处，才是组织的唯一目标。

**4.倾听他人的看法**

优秀管理者的自主判断能力，与多人广泛商讨之后的判断能力是有区别的，因为我们每个人都会有第一印象，有偏见，有亲疏，有好恶，我们需要听取他人的意见。在许多成功的企业里，这种广泛的讨论应作为选拔程序中的一个正式环节。

**5.让所任命的人了解职位**

在新职位上干了一阵子后，被任命者应该把注意力放到更高的标准上。管理者有义务叫他过来，对他说："你做区域市场主管（或其他什么岗位）已经3个月了。为了在新的岗位上表现不错，你还想要做些什么呢？仔细想想吧，一周或10天后再来找我，并把你的方案、想法用书面形式交给我。"然后提醒通过他以往的工作来看，可能还需要注意哪些方面。

如果管理者没做这一步，就别抱怨你的任命者表现不好，应该自我反省，因为你自己可能也没履行一个管理者应履行的责任。

## 要重视员工能干什么，而不是不能干什么

有个名叫猗于皋的人听闻尾勺氏养了一只豹子，非常善于狩猎，不由得十分嫉妒。他想：如果我也能拥有一只豹子来协助自己捕捉动物，那该多好！于是，他毫不吝惜地用一对精美的白璧将尾勺氏的豹子换了过来。

猗于皋得到豹子后非常高兴，他大开宴席，邀请朋友来饮酒庆祝。酒过三巡，他把豹子牵到院子里让朋友们欣赏。这头豹子果然长得极其雄壮。金黄色的皮毛闪闪发光，又小又尖的耳朵直立在头顶，两只眼睛光芒四射，四肢直而长，走起路来灵动而敏捷。猗于皋自豪地向大家夸口说："你们看看我这只豹子，多强健、多勇敢！它的本领可高超了，没有它抓不住的野兽，我就靠它帮我了！"

猗于皋对这豹子格外宠爱。豹子的颈上系着镀金的绳索，还有绣着精致图案的丝巾，每日都能吃到新鲜的肉食，享受着贵族般的日子。猗于皋常常一手抚摸着豹子的头一手喂它食物，一边自言自语地说："豹子啊豹子，我这样优待你，你可别让我失望啊，什么时候，你能对我有所报答呢？"

一天，一只耗子从屋檐下跑过，猗于皋吓得跳起，赶快跑去解开豹子，让它去捉住耗子。可是豹子不屑一顾地瞥了耗子一眼，完全不理会。猗于皋非常气愤，指着豹子大声喊道："你难道忘记我是怎样对你的吗？你竟然这样对我！下次你再敢这样，我就对你不客气了！"

又一天，又有老鼠飞跑而过，猗于皋又让豹子去追。豹子仿佛忘记了猗于皋的威胁，仍旧不理会。猗于皋这回火冒三丈，他气愤地拿过皮鞭猛烈地

抽打豹子，边打边骂："你这没良心的畜生，只会吃喝，什么事也不肯做，枉我对你好了一场！"豹子又疼又无助，大声呼叫着，用可怜的眼神看着猗于皋，好像希望他原谅自己。可是猗于皋根本不管这些，更加用力地鞭打它，豹子身上随即出现了一条条血痕。

此后，豹子的境遇一落千丈，猗于皋摘了镀金的绳索，把它锁在牲畜栏里，每天只给它吃酒糟。豹子每天泪流满面，却无能为力。

猗于皋的朋友安子佗知道这件事后，赶来斥责他："我听说巨阙宝剑虽利，用它补鞋却不如尖利的锥；锦绣丝绸虽然美，用它来洗脸却不如一尺粗布；花纹美丽的豹子虽然猛，用它捉老鼠来却不如猫。你怎么这样笨，为什么不用猫去捉老鼠，而放走豹子去捕捉野兽呢？"猗于皋恍然大悟："对呀！"于是他按安子佗说的去做，很快，猫捕完了所有的耗子，豹子也带回许多野兽。

这个寓言故事告诉我们，量才而用才是明智之举。每个人都不是全能的，管理者只有懂得人有所长，才不会做出让豹子去抓老鼠的荒谬事来。现代科学管理要求管理者必须擅长区分具有不同才能和素质的员工。

高级管理者是伯乐，正如美国著名经营专家卡特所说："管理之本在于用人。"管理者在发挥员工长处的问题上，会遇到的第一个问题就是用人的问题。管理者选择人员和提升人员时所考虑的是以他能干什么为前提的。他的决策，不在于如何减少别人的短处，而是如何发挥他人的长处。

需要注意的是，谁想在一个团队中任用没有缺点的人，那么这个团队就是一个平庸的团队。想要一个"各方面都好"、只有优点没有缺点的人（不管描述这种人时用什么词，"完人"也好，"成熟的个性"也好，"调教极好的人"也好，"通才"也好），结果只能找到平庸的人，即无能的人。通常情况下，能力越强的人，缺点越突出，就像有高峰必然有深谷是一样的道理。谁也不能各个方面都强。其实世界上本没有"完人"这个概念。

总之，企业的竞争就是人才的竞争，人才是企业的根本，是企业最宝贵的资源，因此如何选择优秀的人才为企业工作，是企业生存与发展的决定性因素之一。

## 对待"害群之马"绝不手软

每个企业中都难免会有一些让管理者"头疼"的员工，他们或是喜欢挑拨离间，传播谣言；或是极端自我，不遵守公司规章制度；或是好逸恶劳，工作时态度消极懒惰……不要小看企业中的这些员工，他们很可能会破坏整个企业的正常运行。传播谣言者很可能会搞得企业上下乌烟瘴气、人心惶惶；极端自我者轻视企业制度，很可能会让其他员工对制度产生怀疑，而使企业制度形同虚设；好逸恶劳者终日无所事事而仍能享受到企业福利，会使其他员工产生"不平衡"心理，进而导致整个团队的风气都变得散漫。若是不想让企业被一些"害群之马"带偏，管理者就一定要找出"害群之马"，并将其"清除"。

20世纪70年代末，日本商界爆出一则爆炸性的消息，伊藤洋货行的总裁伊藤正式宣布解聘经营高手岸信一雄。

此消息传出后，众人都怒斥伊藤，纷纷为岸信一雄抱不平，谴责伊藤忘恩负义，见企业效益增加，便将其"一脚踹走"。

为何众人谴责伊藤，而支持岸信一雄？先从伊藤洋货行食品部说起。伊藤洋货行本是做衣料生意起家，后来涉足食品行业，因管理不善，实力较弱。为改善食品部的形势，伊藤三次邀请"东食公司"（三井企业旗下）的岸信一雄。岸信一雄加入伊藤洋货行后，凭借其经验和能力，为食品部带来了转机。十年间将伊藤洋货行的业绩提升数十倍，开创了食品部的新局面……而为伊藤洋货行立下汗马功劳的岸信一雄竟被解雇，难怪众人指责伊藤。

然而，伊藤对自己的"过河拆桥"行为，也有自己的说法。面对舆论的质疑，伊藤曾经回应说："纪律和秩序是企业的命脉，违反纪律的人必须重罚，哪怕会因此而损害战斗力也无所谓。"原来，在最初从"东食公司"（三井企业旗下）挖来岸信一雄时，伊藤与岸信一雄的管理理念就有很大的不同，岸信一雄非常重视企业的外部开拓，社交费用花费较多，对下属的员工也多采取放手的态度，这和伊藤重视员工管理的方式完全相反。

随着时间流逝，企业逐渐壮大，伊藤与岸信一雄在管理方式上的矛盾越来越突出。伊藤不能认同岸信一雄与自己企业经营模式相悖的管理方法，多次要求岸信一雄改变管理策略。然而，岸信一雄对伊藤的管理方式完全不理睬，他极其自负，事事只按自己的主意去做。看到伊藤洋货行在自己的管理下业绩有所增长，岸信一雄竟然说："一切都这么好，说明这路线对头，我为何还要变？"

后来，业绩越来越好，岸信一雄骄傲到了目中无人的程度。企业制定的规章制度他一律不遵守，伊藤提出的企业改革方案，他都持反对意见。对于一些勤奋做事的老员工，岸信一雄不仅不予以赞赏，反而讽刺他们就是再努力10年也不会成功。在岸信一雄的影响下，很多员工都失去了工作的热忱，消极应付工作，工作效率急剧下降。

岸信一雄不愿改变自己的管理方法，致使其与伊藤在管理理念上的差异越来越大。最后，伊藤实在忍受不了岸信一雄的做法，为了保护自己努力建立的团队基础和企业体制，给其他辛勤工作的员工一个交代，伊藤决定解雇岸信一雄。

解雇岸信一雄，的确给伊藤洋货行带来部分损失。但从远期角度看，伊藤虽然失去了岸信一雄这员"大将"，却换回了公司制度的威严，以及其他员工工作的主动性，避免了企业陷入混乱的局面，可以说这是一笔"划算"的买卖。

每个企业都是由人组成的，这种集体关系的维系是企业发展的关键之一。如果企业中员工与员工之间、员工与管理者之间关系和谐，企业就能维持稳定的发展，以集中力量提高产品质量，与对手进行竞争。反之，如果企业内部关系不和谐，整个组织如同一盘散沙，即使竞争者不出手，这样的企业组织也很难维系，终究会失败。因此，管理者在对待"害群之马"时要做到以下几个方面：

1.知人"善免"

对于陋习明显的员工，管理者可以采取相应措施；对于一些在企业中已经影响到其他员工工作的员工，管理者不仅要知人善用，更要"知人善免"，将那些问题员工及时淘汰掉，从而打造出一个由优秀员工组成的企业团队。

2."该出手时就出手"

对于一些问题员工，管理者容易心生"再看看吧，过一段时间或许他能改变"的想法，而不忍心将其开除。管理者给犯错的员工改正的机会，推行人性化管理的做法值得赞扬。但管理者必须明白，企业不是讲人情的地方，对于一些不符合企业工作要求的问题员工，如果任其在企业中放纵的话，很可能对企业产生不利影响，甚至造成重大损失。因此，一些不适合本企业管理模式的问题员工，管理者需要有"该出手时就出手"的勇气，进行果断处置。

3.避免正面冲突

面对"辞退""解雇"这类敏感问题时，如果管理者与问题员工之间持有不同看法，就很容易发生冲突。一旦发生这种情况，管理者应采取迂回的方式表达自己的观点，避免针锋相对的正面冲突，以免对自己造成伤害，并在企业中造成不良影响。

4.巧用方法解雇问题员工

人文关怀是现代管理理念的基本内涵之一，即使是解雇问题员工，管理者也要充分考虑、照顾到问题员工的自尊。在解雇问题员工时，管理者要巧用方法，如果直接或不留情面地指出员工的缺点，不仅会对问题员工的人格造成伤害，对管理者自身在企业中的形象也会产生不良影响。建议管理者在决定解雇问题员工之前，先采取暗示法，暗示该员工主动离职。

5.事后总结，处理"后事"

　　管理者在解雇问题员工后，一定要采取合理、适当的措施处理"后事"。管理者最好选择恰当的机会，向留下的员工说明一下解雇问题员工的原因，使员工理解管理者的做法。同时对员工产生一定的警示作用，使员工注意规范自己的行为，纠正以往容易被忽视的错误。

# 第五章
# 团队管理：调动员工的参与感，打造铁血团队

团队中所有员工都能积极向上，充分发挥并努力提高个人能力，与同事配合默契，齐心协力共创佳绩，将一个个独立的成员变成一支坚强有力的团队，这是企业最期望的状态。这样的团队一定战无不胜。在企业管理中，如何打造一支英勇善战的铁的队伍，关系到企业未来的发展。

## 打造一支打不垮、挖不走的铁血团队

提到"铁血团队"，我们不禁想到电视剧《亮剑》中的李云龙。他带领的队伍真是厉害，就像一群狼一样，无论面对什么困难，总能迎难而上，让敌人胆战心惊。其实，企业在不断发展的过程中，也需要一支强大的团队。尽管商界没有战场上的铁甲战马，没有刀光剑影的战斗场面，也没有浴血奋战的英勇壮举，但是团队中的铁血精神却是永恒不变的。这种精神包括目标的一致性、纪律的严明性、团结协作的能力、不畏艰难的勇气以及奋力拼搏的决心。

作为一个管理者，相信你也希望建立一支打不垮、挖不走的铁血团队，因为只有这样的团队才能真正具备战斗力。在电视剧《大染坊》里，陈寿亭的长袖善舞、不拘一格，给观众留下了非常深刻的印象。其中，有这样一个桥段：

陈寿亭是青岛染织厂的创始人。当时，染坊工人的工资普遍很低，甚至有些厂家连员工的饭食都不提供。然而，陈寿亭不仅给员工高薪，还为员工提供饭食。为了提高工人的饮食质量，他亲自与工人一同享用大锅饭，而且在节假日，还会给工人发放喜面。陈寿亭表示："对工人友好一些，即使需要花费更多的资金，也是值得的。因为只要工人更加努力地工作，机器一运转，我们投入的成本就能回收，而且还能够赚取更多的利润。"陈寿亭和工人之间的关系已经不仅仅是老板和员工之间的关系，更像是兄弟之间的关系，大家都非常尊敬他。

后来，陈寿亭的染织厂不得不停工，被迫卖给日本人。然而，厂里的工人并不全力配合日本人，而是陆续跟随陈寿亭回到济南，最后留给日本人一座空厂。

从工人追随陈寿亭的情况，可以清楚地看到，陈寿亭所带领的团队是一支无法被击垮、分散的团队。大家之所以一直跟随在陈寿亭身边，是因为他们在陈寿亭的正确引导下，感受到被尊重和认可的重要性，并且能够实现自己的价值。由此可见，作为管理者，需要真正地关心员工，为他们提供必要的支持和帮助，为他们指明前进的方向，带领他们走向光明的前程。

在现代企业管理中，作为管理者，应该向陈寿亭学习，向李云龙学习，努力将团队打造成一支充满战斗力的铁血团队。为此，要注意做到下面几点：

1.做一个让员工看得到希望、有能耐的领路人

一个出色的团队，首先需要一个出色的管理者，也就是一个能够引领大家的人。他之所以优秀，体现在能给大家指明正确的方向，有强大的个人魅力，有振臂一呼、应者云集的威严。只有这样的管理者，才能真正激发团队成员的动力和热情。

《亮剑》中的李云龙就是一个非常有个人魅力的领导。在这部剧中，李云龙带领的部队经常以少胜多、以寡敌众，取得许多胜利。除了李云龙本人具备出色的能力之外，关键在于他能激发部队的"亮剑精神"，让团队中的每个战士都能融入共同的事业中。这支团队之所以敢于拔剑，勇敢地面对生死，原因在于他们拥有无比坚定的信念。所以，管理者若想建立一支强大的团队，首先要成为一个充满激情、勇敢无畏、有担当的管理者，用你个人的魅力来影响团队成员，只有这样才能让大家紧密团结在一起，形成一股强大的力量。

2.建立完善的制度、纪律，让团队具有约束力和规矩

要打造一支铁血团队，必须有明确的制度和纪律。只有通过这些制度和纪律的约束，每个成员才能清楚地知道自己应该做什么，应该如何去做，而不是各自为政，毫无组织性。在这方面，不得不提到"孙子兵法"的创始人孙武。

春秋时期，孙武投奔吴王阖闾后，阖闾为了检验孙武的治军能力，就用妃嫔、宫女组成一支女军交给孙武训练。练兵之前，孙武强调几点军规，然后开始训练。可是，那些妃嫔、宫女完全不理会孙武的命令，她们各自玩闹、嬉戏、谈笑，看起来非常开心。见此状况，孙武非常不满，说："约束不明、军令不熟，是将帅的责任。"于是他再次强调军规，但是，当他再次演练时，妃嫔、宫女们依然哄笑一片。当时，孙武发现两名队长——阖闾的两个爱妃违反军纪，他毫不犹豫将二人斩首。

孙武说："令行禁止、赏罚分明，这是兵家常法，为将治军的通则；用众以威，责吏从严。只有三军遵纪守法，听从号令，才能克敌制胜。"最终，吴王阖闾拜孙武为将。在孙武辅佐下，吴国的军事实力大增。

铁血团队必须坚守严格的纪律，因为人都有感性的一面，人的情感很容易影响思维和行为。如果没有明确的纪律规范，每个人都按照自己的意愿行事，团队就无法真正团结在一起。所以，严格的制度和严明的纪律是铁血团队必须具备的重要素质。

西点军校为美国培养了许多杰出的将领。这所军校非常重视军队纪律，并有一套非常详细的规章制度，每一个细节都被清楚地规定下来。如果有人违反这些规章制度，学校还有一系列的惩罚措施来处理这些违规行为。比如，如果学员违反军容规定，学校就会让违反者穿上军装、肩扛步枪在校园里正步走数个小时甚至时间更长。据说，艾森豪威尔当年在西点军校作风散漫，经常违反军纪，因此经常被罚围着操场来回走正步。经过整整一年的刻苦训练，艾森豪威尔终于养成了坚定的纪律观念。正是由此，我们才能见证到一位杰出的将军。

3.铁血团队要有自己独特的精神和文化

团队精神和团队文化是指团队成员之间共同的价值观和行为准则。它们不仅仅是被简单地写在纸上或挂在墙上，而是需要通过团队在发展过程中不断积累和沉淀下来的。只有当拥有这样一种团队精神时，才能确保它被不断传承下去，即使团队成员在不断更换，这种团队精神也将永远流传下去。

相信很多人都看过《士兵突击》这部电视剧，剧中钢七连的那些战士在战争年代赢得很多荣誉，就算到了许三多这一代，大家还是为钢七连而自豪。每一个战士都把钢七连的精神铭记于心，这就是团队精神和文化的影响力。所以，企业的团队也需要有一些精神和文化上的基础，这些基础才是构建团队的基石。

## 给团队灌输你的价值观

IBM第二任掌门人小托马斯·沃森认为："一个组织的核心理念、精神和志向对它取得的成就有巨大的影响，比起技术资源或财力资源、组织架构及时间规划等方面，其与成功的关联要强得多。这些因素都对成功至关重要，但我认为，组织内部成员如何深信基本原则、如何切身地遵守原则，比上述那些因素更关键！"管理者与普通人相比，最大的区别就在于：不仅擅长总结观念、思考未来，还知道如何用自己的价值观塑造团队的价值观，用团队的共同信念去感染人、教导人、凝聚人、激励人，用思考所得到的智慧去布道和分享，教育和引导周围的人。

所谓"布道"就是宣讲、教导、答疑，要想让企业在自己的领导下不断进步，管理者就要像牧师一样，运用各种方法，跟所有人共享团队的价值观、使命和愿景，尤其要跟下属分享，说动他们、影响他们、激励他们，让他们理解、让他们思考、让他们觉悟，最终实现"统一思想，提高认识"的目标。

杰克·韦尔奇是一位布道者，他在任期间为了让自己的理念与通用电气公司的价值观传达给每一位员工，超过三分之一的时间他都在环球飞行，演说、座谈、聆听。

张瑞敏是一位布道者，海尔每次战略转型的成功，都离不开全体海尔人的价值共识，他既是策划者，又是理念的宣传者。

任正非是一位布道者，亲自撰写了一系列文章，不仅教导华为人，也让社会中的很多人受益匪浅。《华为的冬天》《我的父亲母亲》等已经成为流传企业界的经典佳作。

价值观明确后，管理者应该用自己的坚持去宣讲、去重复，要日日讲、周周讲、月月讲、年年讲，每次开会必讲，每次见人必讲。如果管理者不重视，不懂坚持，没有毅力，再美好的价值观也只会成为一纸空文。那么，怎样才能布道，怎样才能让团队接受自己的价值观呢？最有效的办法就是讲故事。

一位管理者在给团队传递自己的价值观时，从讲故事入手，进行价值观的传播。故事是这样的。

一家公司的一个工地赶工期，材料暂时缺货，工地负责人根据公司规定紧急购买了一些材料。结果，材料送到工地时，督察员发现部分材料不达标，不让工人卸货，马上退回。工地负责人反对，认为来回折腾太耗时，他的建议是先用起来，下次让质检员到供应商那边检查，确保以后的材料没问题就行。

督察员毫不妥协，说："工期再急，也要质量第一，绝不能用不合格的材料；用过的，都要拆掉。"工地负责人说："这是领导同意的。"督察员坚持自己的观点，说："不管谁批的都不成，没得商量。"双方吵得不可开交。最后的结果是，供货商赶紧再拉一车货过来，把之前那车换掉了。

总裁很快就听说了这件事，他说："姚督察遵守'质量问题不可妥协'的公司价值观，做得很对，做得很好。"最后，对他进行全公司通报、隆重的表扬，还给他1000元的奖金。

这位管理者最后总结道："这家公司把握典型关键事件，表扬并奖励员工实践公司价值观的方法，真的让人赞叹不已。"

典型事件对人的教育和影响是深远的。团队的价值观是高度浓缩、集中、提炼的集体智慧的成果，通常都比较简洁，不通过深刻的讨论，进而理解，就难以真正地掌握内在的精神内涵，对于基层员工尤其如此。所以，为了把这些概念化、抽象化、理念化、形而上的事物具体化、形象化地呈现给大家，建立团队的共同语言，就要让所有人听了就明白、看了就能做、说了就清楚。

将价值观传达给员工是一个"持久工程"，不能一步到位，不能贪图速成。要用多样的形式，保证管理者的价值观在员工中全面落实，执行得当。那么，如何具体执行呢？

1.进行培训，让员工接受你的价值观

培训是推动文化建设与变革的关键策略，管理者要激励员工加入培训。要全员培训，让管理者的价值观深入员工的心中并达成共识；同时，要鼓励全员宣传和实施，让管理者的价值观成为风气，让员工在充满领导价值观的环境中工作。

2.管理者身体力行，信守价值观念

管理者的价值观是否落实，成为全员的自主行为，管理者的示范引领作用至关重要。管理者言行一致有强大的吸引力，能影响员工的行为、思想方向。在价值观落实的过程中，管理者要以身作则，树立典范形象，激励全员学习，创造员工上下一心、目标统一的良好氛围。

3.组织文娱活动，体现人文关怀

管理者为了把价值观渗透到员工中间，要经常组织一些主题活动，统一员工的观念和思想。在活动中，将价值观贯穿其中，引导员工的认可，就能让其深入员工心中。

## 激励团队，需要榜样的力量

激励包含物质激励和精神激励，是指根据人的需求，唤起人的内部动力，让其向所希望的目标迈进的心理活动过程，也是激起、动员人的主动性的过程。在现代企业管理中，激励已经变成管理者充分激发员工积极性和创造性的重要手段和技能。

在团队中树立一个员工榜样，也能激励员工。成为榜样的员工，可以对其他员工有示范效应。榜样就在团队里，一个标兵近在咫尺，亲自感受的榜样力量可以激励员工向着管理者期望达到的理想境界进步。

榜样激励是指选取行为优秀、成绩杰出的个人或集体作为标兵，给予肯定和赞扬，从而激起团体成员主动性的过程。榜样激励对榜样本人和其他员工都有激励的效果，二者互相促进。

美国知名心理学家阿尔伯特·班杜拉做过一个有趣的实验。

他邀请一些三到六岁的儿童作为实验对象，并把他们分为甲、乙两组。班杜拉在做这个实验时，先让两组儿童各自看一段录像。甲组儿童看的录像内容是一个大孩子在打一个玩具娃娃，一会儿来了一个大人，给了一些糖果作为对大孩子这样行为的奖赏。乙组儿童看的录像开头也是一个大孩子在打一个玩具娃娃，一会儿来了一个大人，但跟之前不同的是，大人并没有给他糖果，反而打了他一顿，以此惩罚这个大孩子的行为。

甲、乙两组儿童在看完录像后，班杜拉把他们带进一间有着相同的玩具娃娃的小房子里。用糖果激励两组儿童学录像里大孩子的样子打玩具娃娃，并表明他们中间谁学得好就给谁糖吃。结果甲组儿童都争抢着用力打玩具娃娃，而乙组儿童却很少有人敢去打一下玩具娃娃。这一实验说明：两组儿童都已经掌握了攻击行为。既然都掌握了攻击行为，为什么乙组的儿童不攻击玩具娃娃呢？这就是榜样的作用。

身边榜样的行为会对一个人的行为产生影响。一个人不管是积极还是消极的，多是从他处学来的，而这个学来的过程，就是"榜样化"的过程。通过树立榜样，就可以实现并增强他人某种行为的目标，这就是我们经常说的"榜样激励"。

工作中也是如此，如果一个员工看到某一个人的某个行为得到奖赏，那么他就会下意识地以他为榜样，仿效其得到奖赏的行为。反之，如果他的这个行为遭到处罚，那么受到这种处罚的压力，这种榜样就难会被人效仿，就算是以前有过同样行为的人，当看到榜样的行为遭到惩处时，也很可能会放弃或调整自己的行为。

在建立团队的榜样时，管理者应该身先示范，这是最有说服力的激励方法，它能激发下属的敬仰感。我国古代就有"强将手卜无弱兵"之埋，管理者在员工的眼中就是他们的榜样。树立榜样意识是对每一个管理者的基础要求。做不到这一点，执行力就会遇到很大的障碍，要想增强执行力，管理者必须努力提升自己的个人修养，重视以身作则，在自己的团队中发挥领头羊的作用。

双星集团原总裁汪海在2005年10月到双星东风厂视察指导工作时，走进当时的斜交胎压延车间，该车间有一台从德国进口的压延设备，汪海总裁对设备的各个工艺环节仔细检查后，走到一个楼梯前，这是通往压延二楼平台的通道，二楼平台是观察压延机上部状况的一个平台，平时基本没有人上去看过。

汪海总裁走到楼梯前，尽管楼梯很陡，只能一个人通过，但见他踏着轻快的步子，毫不犹豫登上楼梯。后面的骨干赶快跟上，到了二楼平台后，汪海总裁又仔细地检查设备状况，时而提出注意的要点。在场的许多骨干后来表示，在这个车间干了十多年的老员工都还从未上过这个二楼平台，要不是这次跟着汪海总裁上来，还不知道上面是什么样。正是汪海总裁率先抓管理不留死角，才推动了双星各项管理水平的快速提升。

汪海总裁的高瞻远瞩、超前创新，为双星建立了中国特色、市场导向的发展方向，并领导双星人成功摆脱了计划经济的限制，变"等人家给饭吃"为"自己积极找饭吃"，最后走完了由计划经济向市场经济转变的全过程，打造了全体双星人为之受惠、为之骄傲的双星品牌。因为汪海总裁的巨大贡献，他一直受到员工们的支持和敬爱，就像员工们在车间里发自肺腑地写道："总裁，您辛苦了！"这就是全体双星人对汪海总裁最真诚的独白。

领导形象的优劣直接关系到管理效能的发挥。领导形象对于执行管理活动通常会有两种效能：一方面，好的管理者形象能带来积极的正面效果，可以鼓舞团队成员协助管理者进行各项工作，充分激发被管理者的主动性和创造性，尽力发挥他们的智慧才能，坚定地执行目标；另一方面，不好的管理者形象会带来负效果，让被管理者对管理者失去信任感，彼此疏远，甚至会出现被管理者反抗管理者的现象，这就难以发挥领导效果，妨碍管理活动的顺利进行。

可以看出，管理者塑造良好的形象，对于管理活动而言是非常重要的。简单说，展示良好的形象，才能产生榜样的力量。一个企业能否持续发展，取得更好的成绩，最为重要的因素之一就在于企业是否拥有一些优秀的榜样。

## 团队精神是一个团队的根本

团队精神是指由于团队管理者的出色引导，使得团队成员能充分发挥自身的能力与专业的优势，团结协作，互相配合以完成任务的特质。团队精神一方面能使企业取得优异的业绩，另一方面可以增强成员之间的信任关系，使企业和员工都能达到自己的最佳状态。

一个团队如果纪律涣散、人心浮动，各自为战，那么何来生机与活力、何谈做事与创业、何有形象与成绩，好的执行力更无从说起。在一个不团结的环境中，个人无论有多大的志向、多高的智慧、多丰富的经验，其才华也难以发挥出来。

人们常说"团结就是力量"。在当今的职场，一个优秀的企业必须拥有一个高效的团队，而一个高效的团队，必须是一个上下团结一致、协作有力的优秀集体。一个团队中，大家相互协作，心往一处想，劲儿往一处使，往往能事半功倍。优秀的团队精神是企业真正的核心竞争力。一个企业如果缺乏团队精神，将难以成事。

在职场中，个人英雄主义的时代已经过去了。现在，已进入团队协作的新时代了。一个管理者即使再有权威，拥有领导的大权，如果没有一批互相协作的跟随者，也难以成就大事。在企业里，如果每个员工只顾个人表现，忽略团队精神，那么就像打篮球只注重个人球技，很难赢得胜利。

团队精神包括如下内容：

1.相互信任

团队中的每个成员在工作中相互尊重、相互协作，而不是互相拆台。能够发现和认可别人的优点，不故意以与别人对抗来以彰显自己的价值。

2.互助友爱

工作中，不仅要在同事向你求助时给予力所能及的帮助，还要时刻寻找机会主动帮助同事。将自己掌握的技能和信息主动分享给别人，遇到问题要放下面子主动向别人学习，坦诚接受别人的帮助。

3.奉献精神

团队成员愿意为团队或同事付出额外努力而不图回报。

4.团队荣誉感

团队荣誉感是团队里每位成员的一种成就感和自豪感。这种感觉汇聚在一起，就会成为这个团队的强大战斗力。

在企业内培养员工的团队精神，让成员之间形成高度的信任感，相互尊重、相互宽容，通过团队成员之间的团结协作，实现个体和集体的全面发展。这样，才有利于提高企业的执行能力。

天鹅、梭子蟹和虾决定一起拉一辆装满货物的车。三个家伙拼命地用力拉，可车子却一动不动。车上装的东西不算重，为什么出现这样的结果呢？原来，天鹅拼命向天上拉，弓着腰的大虾却在向后拖，而梭子蟹则向前方的池塘里拉。车子为何不动？答案一目了然。

团队合作中，"步调一致"是成功的关键。要想实现"步调一致"，首先要解决的是团队协调的问题，否则就会出现寓言中的那种局面，导致团队无所作为。

要提高团队的执行力，就需要相互合作。一个团队里，员工、部门之间不和谐，工作就做不好，只会把事情搞砸。一个管理者的能力在于，既能合理分配员工的任务，又能引导他们之间的合作，形成共识，方向统一，最终释放出巨大的力量。

海尔公司的团队是我国企业中非常优秀的团队，有这么一个关于海尔公司团队的平凡的故事。

1994年4月的一个午后，一个德国客户给海尔集团打来了一个订货电话，电话里客户表示这批货对他十分重要，而且要求这批货必须在两天内送达，否则就会损害他们公司的利益；如果不能两天内送达，订单就自动作废。

由于当时是星期五下午两点，在两天内送达，就意味着海关、商检部门下午五点下班之前要办好相关手续，当天下午才能将所需的货物装上船。给他们送货的时间只有三个小时。按照一般的程序走，想在这短短的三个小时内完成一切工作几乎是不可能的。如果做不到的话，就要等到下周了，而按照合同约定，出现这种状况订单就会自动作废。最后，这个难题并没有难倒海尔员工，海尔员工的团队执行力也在这件事上展现得淋漓尽致。他们采取了并行推进、协调配合的方式，调货的调货，报关的报关，联系船期的联系船期……每个人都全力以赴地投入工作，争取每一分钟，使每一个环节都确保无虞。终于，在海关下班前，货物成功地发出去了。

当那位德国客户收到来自海尔的货物发出信息时，感到非常惊讶和感动，并因此加深了和海尔的合作关系。

一个优秀的企业离不开一支优秀的团队，一支优秀的团队也要求员工具有高度的团结意识和协作精神。团队的协作与配合是执行力的保证。塑造团队精神，提高协作水平，形成相互支持、协调顺畅的运作机制，就能提升执行力。那么，如何进行有效的分工协作呢？

1.要设定共同目标

明确的目标是能否成功完成执行任务的关键。团队一定要根据自身实际需求，清楚地确定目标，然后对影响目标完成的各种因素进行讨论并确定完成的最后期限。

2.要明确团队成员的角色

在团队内部，要根据实际情况对员工进行最佳配置。只有每个员工都明确自己的岗位职责，各司其职，才不会产生推诿、扯皮等不良现象。如果队伍中有人滥竽充数，给团队带来的不仅仅是人员成本的损失，还可能导致团队产生不良风气，工作效率整体下降。

团队的管理者要对每个成员的能力和个性有敏锐的判断力，了解成员的性格、技能，即他们适合做工程师还是营销人员；了解他们的处世风格，是善于交流还是内向实干。然后，根据成员的特点安排他们具体的工作内容。

3.要建立良好的沟通制度

在团队协作上，沟通可以了解成员个人的进度情况，进而调整自己的进度。而且通过交流，还可以技能互补。良性的沟通事实上往往建立在团队内部良好融洽的人际关系上，上下级互相尊重，同级人员相互信任。

综上所述，一个团队能够不断发展壮大与团队精神是分不开的。企业部门间分工有致，部门之间又能协作联系，企业就可以更好地发展，就能取得辉煌的成就。

## 让团队中的每一个人都发挥出最佳状态

团队的力量不仅是个体能力的简单叠加，还会通过团队文化与价值观，将每个成员的优点与潜力充分发挥出来。用一个简单的公式来表示，就是"1＋1>2"。

企业运营中的许多难题，需要多种知识与技能的结合，单靠个人力量难以完成，必须组建一个由多人参与的团队，将每个人的智慧与能力结合起来，形成一个整体。这个整体的智慧与技能超过任何一个个体的水平，承担着个人无法承担的重任，能够解决个人无法解决的问题。

我国有句俗话："三个臭皮匠，顶个诸葛亮。"这就说明了团队力量的重要性。但是，并不是说只要"三个臭皮匠"随便组成一个团队，就能比得上诸葛亮。对于一个团队来说，人多并不意味着力量强。要想建立一支优秀的团队，就要将每个成员的知识与能力充分利用起来，需要团队的每个成员都保持最佳状态，需要他们将团队的利益视为自己的。同时，每个成员的行为都要遵循一定的规则和方向，需要明确团队的目标和利益。否则，就会失败。

用物理学中的力学原理来打比方：许多力同时作用在一个物体上，如果这些力的方向相同，那么该物体就会沿着力的方向运动；如果这些力的方向不同，力就会相互制衡，集体的力量就会低于个体的力量。而每一个团队成员都是作用在物体上的一个力，要使整个团队的努力实现预期的目标，所有的力都要指向一个方向。

要想实现"三个臭皮匠，顶个诸葛亮"，还需要"三个臭皮匠"在团结协作的基础上充分展现各自的智慧，形成一种高于个体之上的综合智慧。没有为了达成共同目标的合作精神，即使"三个诸葛亮"聚在一起，也不一定能胜过"一个臭皮匠"。由此可见，优秀团队的形成需要团队中每个成员的努力。

一个优秀的团队，每个成员都是重要的战斗力，大家的地位都是相等的，没有高低之别；只有在共同的目标和原则的指引下，团结协作、互相支持、努力拼搏，才能达成团队的目标，才能体现各团队成员的价值，才能打造出一支真正的团队。

有一家建材公司，连年亏损，老板没办法，只好找经营管理专家出主意。管理专家了解到情况后，给他讲了一个故事：

美国柯达公司制作照相感光材料的时候，需要工人在暗室里工作，培养一名熟练工人要花费很多时间。但公司发现，盲人在暗室里可以自如地操作，只要简单地培训就能上岗；而且，他们工作起来要比正常人细致很多。因此，柯达公司大量雇用盲人从事感光材料的生产。

在这个故事的启发下，老板接受了管理专家的建议：把口才好且有一定社会资源的办公室副主任调到市场部做销售经理；把看门的、有十多年烧砖瓦经验的人安排为"火工"技术员，把技术精湛、为人诚实的人提拔为质量标准监督检查员……同时，厂里还制定了效益与工资、奖金挂钩的制度。结果不到半年时间，产品的质量大幅提高，产品销量增长，企业取得了显著发展。

这个事例教导我们：对于企业经营者来说，最不能做的是用缺点放大镜；应该用优点放大镜，发现员工的优点、长处并加以运用。正确运用员工的优点长处，让其发挥效能，不仅员工能够展现所长，企业也能获得相应发展。

"金无足赤，人无完人"是古人传下来的道理，可是有些管理者却总喜欢挑剔下属的缺点，忽视他们的优点。在平时的工作中，他们总是想着对方的缺点，选拔人才时总会受到限制：他不是专业出身，能胜任这份工作吗？很少有人会想到：他取得的成绩即使是几个专业出身的人加在一起也未必能取得的。他在某些方面不够成熟，能胜任吗？却忽略了他不够成熟的方面与工作没有任何关系，甚至只是年龄不够成熟，能力早就超过了资深人士。

尽管有些方面不足，但是其他方面还是很好的，企业需要的是这些方面，而不是他缺乏的方面；尽管他经验不多，但他理论基础牢固，只要给他提供机会，让其积累一些经验，他完全能够胜任这份工作……不难想象，同一个人在不同的管理者手下工作，发挥的作用可能截然不同。

作为企业管理者，总是挑剔员工的缺点，人才的作用就无法展现出来；相反，经常关注员工的长处，并对他们进行有效的激励和支持，放心地让他们施展，即使是普通人，也能发挥出巨大的作用。名言"废物只是放错了位置的资源"说的就是这个道理。

## 最大限度地增强团队的凝聚力

团队的凝聚力，是成功的重要因素，关系到团队的发展和每个成员的利益。没有团队的支持，个人难以成功；没有成员的协作，团队也难以成功。这就是凝聚力的意义。

凝聚力是团队生存和发展的关键因素，它能激发团队的潜力和创造力。如果团队缺乏凝聚力，就难以完成任务，也会失去团队的意义。对于团队来说，没有个人的利益，只有共同的目标。只有大家都向同一个方向努力，尽自己最大的能力为团队做贡献，才能更接近成功。当团队获得了荣耀和成就时，每个付出过汗水的人也能实现自身的价值。

一个销售部经理看到自己的销售团队像一盘散沙，甚至互相拆台，于是在开会的时候，给员工讲述了这样一个在澳大利亚广为流传的故事：

两个年轻人去旅游，结果迷路了，最后来到一个荒无人烟的地方，而他们已经没有吃的和喝的。难道要饿死在这里？就在他们绝望的时候，看到一位老者坐在河边。老者手拿一根鱼竿正在垂钓。他们看到了希望，立刻向老者求救。老者将鱼竿和鱼给了他们，让他们自己选择。最后，年龄稍大的人拿了鱼篓，年龄稍小的人接过老者的鱼竿，之后各自离开。年龄稍大的人吃完鱼之后，没走多久，就饿倒在了回去的路上。而年龄稍小的人拿了鱼竿后，开始寻找钓鱼的地方，他又饿又渴，再也走不下去了，也饿倒在了路上。

多年以后，又有两位年轻人遭遇到同样的困境，同样碰到一个老者，老者手中仍然握着鱼竿和鱼。他们向老者求助，老者仍然给他们每人一件东西，然后离去。两个年轻人商议后决定，共享这些鱼，并一起寻找钓鱼的地点，一起回乡。结果，在鱼快要被吃光的时候，他们找到了钓鱼的地方，一上午就钓了许多鱼。之后，他们把鱼晒成鱼干，朝着回家的方向走去。他们一边走，一边钓鱼，最后顺利回到了自己的家。

经理讲完这个故事后，对员工强调：无论做任何事，都要团结一致，不可像一盘散沙。员工发现了自己的错，从此开始团结合作，团队凝聚力大幅提升，业绩逐步攀升。

如今，团队管理者面临的最大难题是：怎样增强团队凝聚力？有些招聘广告会对求职者提出这样的条件："有团队凝聚力者优先。"有些管理者还会直接对员工提出要求："你们要有凝聚力。"但是，和大家所见的一样，这些话起不了什么作用，就像用一根绳子把一群人绑起来，只能让人们变得小心翼翼，让团队变得不堪重负。

要想最大限度地增强团队凝聚力，管理者就要改变自己的思维方式，不要给团队成员过度施加压力，要为他们创造适当的环境，使凝聚力自然发生。

葛宏留学归国，与友人合资创办了一家网络技术公司，专门提供企业管理软件和相关技术服务，他任CEO，其他几位合伙人分别负责公司的技术、市场、销售等重要职务。刚开始，众人积极努力，也非常团结，业务不断拓展，业绩节节攀升，仅用了两年的时间，年销售额就超过了千万。就在企业进入稳定期的时候，几个合伙人却闹起了"分家"，原因主要有：一是个人贡献大小不同，引发了利益纠纷；二是每个人都有自己的想法，有人想自立门户，有人想分钱解散，有人想继续发展……公司业务陷入了停滞状态。为了扭转这种局面，葛宏对公司人事进行了调整，重新对公司进行了定位。为了最大限度地增强团队的凝聚力，他讲了这样一个故事：

一位魔术师走进一个小村，途中遇到一位妇人。他说："我有一块神奇的石头，只要放进沸水里，就能变出香喷喷的汤。"妇人不信。

尽管魔术师苦口婆心，妇人仍不相信。四周围满了人，大家纷纷议论，为了查明真相，有人建议当场实验。于是，有人搬来了一口锅，有人挑来了水。他们将锅放在柴火上，就这样在广场上煮了起来。

魔术师小心翼翼地把汤石扔进沸腾的水里，不一会儿，舀起一勺尝了尝，高兴地说："真香啊！再放点洋葱，味道就更好了。"听了这话，有人马上跑回家拎来一兜洋葱，倒进锅里。

魔术师又品了一口："太美味了！再添一些肉丝，我保证，它会更鲜美。"一个妇女赶紧回家端来一盘肉，投进锅里。这时，魔术师似乎自言自语地说："再加一些蔬菜就更完美了。"

就这样，在魔术师的指挥下，有人拿来盐，有人拿来酱油，有人拿来其他辅料……汤很快就熬好了，香气扑鼻，人们都忍不住垂涎三尺。大家感受着嘴里的香味，都觉得这是人间最可口的食物。

这个故事让员工明白：只要有心，每个人都能煮出一锅鲜美的汤，只要付出自己的一份力量，团结协作，就能达成愿望。于是，在故事的鼓舞下，企业成员再次同心同德，努力实现理想。半年后公司渡过了难关，重新走上了快速发展之路。

团队凝聚力是一种隐形的力量，能够产生出强大的效果，团队中的成员相互合作，都是为了共同的目标，从而释放出巨大的能量。由此可见，凝聚力来自团结的集体。

企业要想持续发展，必须拥有强大的团队凝聚力。管理者应该重视培养企业的凝聚力，让员工认为企业的发展就是自己的发展，把企业的未来视为自己的未来。这样，企业才能拥有无穷的生命力。要达到这个目标，增强凝聚力是关键。那么，怎样增强员工的凝聚力呢？

1.让团队成员产生强烈的归属感

团队的领头羊或组织者如何才能吸引众多的拥趸？如何让员工乐意为企业奉献自己，把企业的事视为自己的事？重点要增强团队成员的归属感。有了归属感，员工才会对企业有所认同，才能拥有使命感和成就感，才会为企业的进步感到自豪，才会从心底里产生出浓厚的责任感，从而做到自我管理、自我激励，把团队视为自己的家，把团队的事业看作自己的事业。

2.有效解决成员间的冲突和摩擦

成员在沟通中不免会有观点不合，发生争执，甚至引起冲突与对立的时候，一旦导致关系紧张，就会直接影响到团队的凝聚力。为了应对这个问题，管理者可以采用竞争的方式来处理，让有分歧的成员按照自己的方案去做，然后用成果评判对与错，给"对者"以奖励，给"错者"以鼓励，使分歧最终得到化解。

## 为团队注入激情与活力

团队中的管理者无论何时都要保持积极乐观、热情洋溢的态度，因为谁也不会跟随一个消极颓废的领导。管理者也会有不开心、不顺心的时候，也会有抱怨，但是这些都要藏在内心，除非情况特殊，否则不能让员工察觉。此外，管理者还要尽力给自己的团队带来激情与活力。

生活在海边的渔民，天天出海捕捞沙丁鱼，可是由于船舱狭小，等到上岸的时候，沙丁鱼几乎死光了。显然，死鱼卖不出好价钱。但是，却有一名老渔民每次回来时捕捞的沙丁鱼都很鲜活，所以他的鱼总能卖出高价，他也因此渐渐地变成了当地的富豪。其他渔民都不明白，船舱和打鱼的工具都相同，为什么他的鱼就不会死呢？这名渔民临终前才把秘密告诉了他的儿子。原来，他在放沙丁鱼的船舱里放了几条鲇鱼。鲇鱼生性凶猛，沙丁鱼为了抵抗鲇鱼而奋力反抗，它们的生存本能被充分地激发起来，因此大部分能活下来。

如何才能激活团队成员的内部动力？如何才能防止员工在工作上"做一天和尚，撞一天钟"的消极心态？如何才能有效唤起员工的斗志？答案很明了，就是为团队引入竞争、注入激情，以此鼓舞团队成员。

许多企业的管理者常常埋怨下属缺乏激情，总是"老气横秋"。其实，如果管理者忽视对下属的管理与激励，团队成员就容易变成"无所作为的沙丁鱼"：混日子，悠闲地过着生活而觉察不出外界的危机。任何一个团队在一池死水的情况下，其成员都会逐渐地失去斗志，失去工作的动力，团队也会逐渐地失去战斗力。

所以，作为企业的管理者，就要在团队"衰弱"之前，及时引入几只"狼"，从而让一些"沉睡"的员工"清醒"。比如，引入有"狼性"的新员工，这些"外来者"就可能会变成老员工潜在的危机，从而让一些人不会"沉溺""陶醉"于舒适的现状。通过引入新人，为团队注满"新鲜血液"，从而保持团队持续的活力。

建立竞争机制是团队保持活力的必要条件。

一个调味品公司的例子说明了竞争机制的重要性。这个公司以前采用类似于平均主义的固定工资制，结果，大家都不想多做事，有时候生意忙了，需要加班，工人还不情愿，甚至有人借请假来逃避。后来，领导改变薪酬的评估方式，把固定工资制改为计件工资制。结果，令人惊奇的一幕发生了：工人不再需要被催促去上班了，他们主动加班加点，甚至利用空闲时间，帮忙装车、卸车，生产效率大大提高了。

其实，管理者就是建立了竞争机制，目的是让大家相互超越，并让付出与收获成正比。所以，管理者要想防止员工变成"坐以待毙的沙丁鱼"，就必须建立竞争机制，让大家在一个平台上坚持能者多劳、能者多得、多劳多得的原则。

团队缺乏竞争，就缺乏活力。同理，要想团队有活力，管理者还要灵活激励。激励分为正激励和负激励，有经验的管理者总是通过多用正激励、少用负激励的方法，来最大限度地激发员工的积极性。

通用汽车公司的前任首席执行官杰克·韦尔奇，曾经总结出激励下属的"活力曲线"。他把员工分为三种，分别是明星员工、活力员工、落后员工。其中，明星员工约占所有员工的10%，对这些员工，采用"加薪、加心、加信"的正激励；活力员工，约占80%，要求他们进步、进步、再进步；剩下的10%是落后员工，对他们的措施是裁员、裁员、再裁员。韦尔奇的逻辑是：企业不给员工承诺终身就业，而是应该努力让他们具备"终身就业的能力"。

其实从管理的本质来说，"韦尔奇的活力曲线"是"抓两端放中间"，即抓优秀和落后，以此来影响中间，通过建立正、反典型，来激励员工追优秀，从而让所有员工都能持续地进步。

## 第六章
# 激励效应：达成目标的理想途径

激励是人力资源管理的关键之所在。如果没有激励，一个人的能力可能只能发挥极少一部分；如果施以激励，就可以将一个人的能力发挥到最大限度。管理者只有不断开发出新的激励模式，才能够正确地激发员工的工作动机，从而不断地提高企业的竞争力，让企业从优秀走向卓越。

## 激励是管理艺术的核心

如果说管理是一门艺术的话，那么激励就是这门艺术的核心。企业最终的竞争力源于人员，在"以人为本"的时代，只有不断创造出新的激励方式，才能够保证企业在经营中持续创新。然后将这种创新转变成新的竞争力，在激烈的竞争中逆袭，从优秀变成卓越。

激励是优秀管理者的必修课。不会激励，企业就很难高效运作，一时的兴旺也只是昙花一现，根本经不起时间的检验。

小张是一家企业的销售人员，他刚加入公司时，对自己的工作充满热情，凭借他的勤奋和专注，业绩逐渐提高。一年后，小张已经熟练地掌握了销售技巧，工作轻松自如。可是，小张却感到从未有过的厌倦，这些工作已经没有了挑战性和乐趣，而且公司里还有很多比他更有经验的同事，小张觉得在公司里晋升的机会很少。于是，小张打算辞职。

小张的情况在每个企业里都有可能出现，人力资源部门对这种事情非常苦恼。小张的离开虽然不会给公司带来致命的损失，但是再次招募和培训新的销售人员会大大增加公司的开支。有些同事可能不会像小张那样辞职，但工作的热情却总是难以再次激发起来。

那么，如何解决这种问题呢？激励是最佳的办法。

所谓"激励"，就是激发人的动机的心理过程。激励原本是一个心理学术语，将激励这个心理学的概念应用于管理，目的是激发员工的积极性和创造性，充分发挥员工的主观能动性。

组织行为学中的激励，主要是指激发人的动机，使人有一种内在的驱动力，向着所期望的目标前进的心理活动过程。激励也可以说是调动积极性的过程。激励对于调动人们潜在的积极性，去实现既定目标，不断提高工作效率，都具有非常重要的作用。

激励员工是管理的重要环节，也是高效管理的关键。它是依据激励的理论，运用具体的激励手段，来提高员工工作效率和员工生活水平的一种管理方法。

按照马斯洛的需求层次理论，人类的各种需求可以分为五个层次，分别是生理需求、安全需求、社交需求、尊重需求和自我实现需求。

员工的需求关系到员工的动力，动力推动着员工去追求目标。当员工有了某种需求，而暂时又无法得到满足时，心理上就会出现一种不安和紧张状态。这种不安和紧张状态就会变成一种内部的驱动因素（即动力）。

员工有了动力之后就要寻找和选择满足需求的目标，然后产生满足需求的行为。最终员工的需求得到满足之后，不安和紧张就会消失，即激励状态消除。但接着会有新的需求，从而引起新的行为。这个循环的过程就是激励过程。

在上例中，小张刚入职时，有掌握业务的需求，于是他积极努力地工作，来实现这个目标。在达到这个目标之后，这种激励状态就消除了。于是小张就出现了"疲惫感"。由于小张并没有在公司里找到新的激励目标（比如没有晋升的机会等），于是他就有了离职的打算（到其他公司去寻找激励目标）。

员工激励的任务就是去了解员工的需求，明确员工的激励目标，并帮助员工去实现目标，从而实现企业和员工的共同发展。正如管理学大师彼得·德鲁克在《管理的实践》中所言："我们不能因为恐惧的消失而坐等工人自发产生激励因素，我们必须创造一种积极的激励因素来取代它。这是管理人员面临的一个中心任务，一个最困难的任务，一个最迫切的任务。"

随着社会的发展和教育水平的不断提升，企业员工的素质也有了很大的提高。企业中"知识型员工"的数量越来越多，一些员工不再是为了谋生而工作，他们希望充分展现自己的才能，并获得更多的利益。

随着市场的发展，企业的成长越来越取决于企业的知识储备，而员工是企业知识财富的拥有者，这决定了企业内部管理者与员工的关系不再是雇用与被雇用的关系，更多的是合伙人的关系。管理者只是物质财富的投入者，而员工则是知识财富的投入者，双方的共同"投入"推动了企业的发展。

人是企业最珍贵的资产，也是企业的首要资源。现代企业的人力资源管理中也越来越重视员工奖励问题，著名学者凯兹提出了组织必须满足的三项行为要求：

（1）不但要吸引员工加入团队，还要想办法把他们留在团队里；

（2）员工必须完成他们的本职工作；

（3）员工在工作中要发挥创造性和革新精神。

这三项行为标准，毫无例外地都与员工奖励有着紧密的联系。因此，管理者要想提升企业的凝聚力，要想在商业竞争中略胜一筹，必须采取积极的方式，激励员工，最大限度调动员工的潜能和对工作的热情。

## 管理者所激励的，最好是员工想要的

不同的员工需要不同方式的激励。有的人追求更高的薪水，有的人渴望归属感，有的人期待得到尊重和赞扬，有的人则追求"自我实现"。因此，企业管理者在制定激励方案时，最好能综合多种激励手段以适应不同员工的需求。

读完下面的这个寓言故事你对此会有更深刻的体会。

有一个聪慧的猎人带着几条猎犬去森林里狩猎。恰好遇见一只野鸡，猎人放出一条猎犬去追，可是追了半天也没追上。猎人很生气，斥责猎犬说："你真无能，居然连一只小小的野鸡都追不上。"猎犬低语："你不了解，并非我没用，只因为我和野鸡跑的目的截然不同，我只是为了讨你高兴而跑，而野鸡是为了保命而跑呀。"

猎人听了，觉得猎犬说得很有理，同时也启发了他："我要想获得更多的猎物，就必须想个办法，让猎犬也去为了自己的生命而奋斗。"反复思考后，猎人召集猎犬开会，决定对猎犬依功而赏。他宣布："猎犬在狩猎中每捕到一只野鸡，就可以得到一根骨头的奖励；捕不到野鸡的猎犬就没有吃的。年终考核，最后一名被处死。"

为了不成为最后一名，猎犬们都想多抓野鸡，猎人每天的收获也越来越多。可是，过了一阵子，猎人发现猎犬们总是只抓小野鸡，却很少抓大野鸡。猎人很奇怪，就去问猎犬："你们最近为什么只挑小野鸡捉呢？"

猎犬说："大野鸡跑得飞快，小野鸡跑得慢，小野鸡比大野鸡容易抓多了。您的规定是，不管大的小的奖励都一样，那我们干吗要辛苦去抓大野鸡呢？"猎人顿时明白了，原来是自己奖励的方法有问题啊！于是，他宣布：从今以后，奖励骨头的多少不再和捉到野鸡的数量有关，而是和捉到野鸡的重量有关。

实行这个方法之后，猎犬的激情再次被点燃，抓到的野鸡数量和重量都远远超过了过去，猎人非常开心。不幸的是，过了一段时间，猎人又遇到了新的问题：猎犬们捕鸡的激情在下降，越是老练的猎犬越没斗志。这是什么原因呢？猎人又去问猎犬。

猎犬对主人说："老爷啊，这些年我们都为您效劳，可是等到我们年老，抓不住野鸡了，您还给我们饭吃吗？"主人听了，笑着说道："哎，原来它们要求'养老金'啊！"于是，他进一步改变激励机制：每条猎犬每月完成定额任务，超出任务的野鸡可以存放在主人为它们开设的"账户"里，等到将来跑不动了，可以从这些"账户"里取出积攒的野鸡。这个方案让猎犬们又充满了斗志。

可是过了一段时间，又一件出乎意料的事情发生了：一些出色的猎犬竟然摆脱猎人的控制，自己去捕野鸡了。这让猎人有些焦虑。他想，难道是奖励不够？于是，他把奖赏标准提高了一倍。这一招起到了立竿见影的效果。但没过多久，离开猎人去捕野鸡的猎犬却一下子多了许多。

主人无语了，去问那些离开的猎犬："你们为什么非要摆脱我呢？我到底哪个方面做得不好？"猎犬们羞愧地对主人说："老爷，您什么都没做错，离开您是因为我们自己也有一个理想，我们希望将来有一天也能像您一样成为大老板。"为了管理好剩下的猎犬，主人建立了猎犬公司，给每个猎犬都分配有股份，每个猎犬都是老板。这一招非常有效，从此以后，再也没有猎犬主动离开了。

这个故事表明一个重要道理：员工的需求是不断变化的，企业必须满足员工不断变化的各种需要。把握员工需求的特点，对其最强烈的需求进行激励，才能使员工产生最强的动力，这样才能有效地激发人才并且长期地留住人才，从而使企业在激烈的市场竞争中立于不败之地。

## 合理的薪资才能让员工更有动力

英国经济学家格雷欣在四百多年前发现一个奇妙的现象：两种名义价值相等而实际价值不同的货币同时流通时，实际价值更高的货币，即"良币"必然停止流通，它们被储藏、熔炼或输出到国外；实际价值更低的货币，即"劣币"则充斥着市场。这种现象被称为"格雷欣法则"，也就是"劣币驱逐良币定律"。

企业在薪酬制度或人力资源管理方面均可能出现与此类似的情况：由于企业在薪酬管理方面没有充分执行"优质优价"原则，高素质员工的数量相对减少。这一方面表现为对自己薪酬不满意的高素质员工另谋高就，另一方面表现为企业人力资源对企业人才需求的消极反应，同时会导致企业低素质员工相对增加。当一定数量的高素质员工离开的工作岗位需由更多低素质员工补充时尤其如此。这还只是薪酬管理"格雷欣法则"启动之初时的情况。企业效益下降是员工素质下降的必然结果，这可能使企业在薪酬开支方面入不敷出，从而导致员工薪酬水平普遍性下降，进而导致员工薪酬水平下降与企业效益下降的恶性循环。

同一个企业内，由于旧的人事制度与薪酬制度惯性的作用，使一些低素质员工的薪酬高于高素质员工，从而导致低素质员工对高素质员工的"驱逐"。

有一家经济效益不错的国有上市公司就面临这么一个难题：

该企业人均月工资18000元，普通员工特别是一线员工的收入远高于同行业的其他企业，但重要员工特别是少数核心岗位员工的工资却远低于市场水平。该企业想招聘一些素质高的计算机专业毕业生，按照现有的薪酬制度，他们每月的工资只能稍高于10000元，但市场水平却在30000元左右。因此，尽管企业对优秀的计算机专业毕业生有强烈需求，却一直未能如愿。

在一些公司中，高素质员工的收入虽然高于低素质员工，但其对公司的相对贡献仍不成正比。这也是低素质员工对高素质员工的"驱逐"现象。作为管理者应该明白，人才素质是影响公司核心竞争力的重要因素。如果任由薪酬或人力资源管理"格雷欣法则"持续发生，在日趋激烈的市场竞争中，公司就会很被动。那么，怎样制止"格雷欣法则"现象的出现呢？

首先，企业应该把提高员工薪酬视为员工能力提升、企业发展壮大的必然结果。这是因为，合理的薪酬提升制度可以激发员工能力提升与企业效益提高的正向循环。

其次，要把薪酬调查作为企业薪酬管理不可缺少的环节。尤其应重视对企业重要员工的薪酬调查，把市场薪酬水平作为员工薪酬水平判断的参考系，通过市场来确定员工薪酬水平的高低。

同时，还要以优先提高重要员工薪酬水平作为提高企业重要员工能力的人力资源管理策略，甚至可以为重要员工建立薪酬水平无上限的薪酬特区。

对员工而言最为重要的无疑是工资，它是社会评价一个人价值的基本体现之一。工资不仅是员工的一种生存手段，而且还能满足员工的尊严感。它在很大程度上影响着一个员工的心情、积极性和能力的发挥等方面。当一名员工拥有较低的岗位工资时，他会主动表现，勤奋工作，一方面为了提高自己的岗位业绩，另一方面为了争取更高的岗位等级。他会体验到由于升职和加薪所带来的价值实现感和被尊重的快乐，从而更加努力工作。这是任何企业都应尊重的客观事实。

金钱在社会中具有重要的交换作用。一般来说，金钱的多少是衡量一个人成功与否的重要因素之一。管理者应懂得用看得见、赚得到的金钱来激励员工工作的热情。

现在，公司基本实行的是保密工资制，加薪或发放奖金不透明，使得员工很难判断在报酬与能力之间是否存在着关联。员工既看不到别人的报酬，也不清楚自己对公司的贡献价值，这样自然会削弱制度的激励和满足功能，从而导致员工不平等的感觉。而平等，恰恰就是实现报酬制度发挥满足与激励功能的重要因素。

因此，管理者要想激发员工的积极性，就得满足员工的期望，这种期望通常是通过薪资体现的。一个更贴合员工需求和更合理的薪资制度、一个优胜劣汰的薪酬制度，才能让员工更有动力，才能推动员工素质的提高，才能使企业的业绩增长。

## 给予员工公平竞争的机会

吴士宏是IT界备受瞩目的知名人物。她引人注目的主要原因是她最初的专业素质并不太好，后来却成功地晋升为一家跨国公司的中层执行者。

吴士宏以前是一位护士，仅有中专学历。她是个不甘心让命运左右自己的人。当她还是护士时，就自学了一些英语口语，一心想改变现状，离开护理行业。正好，IBM公司招聘清洁工，为了能够进入这家公司，她毅然决然地去应聘清洁工这一职位。然后，她努力工作，很快就得到所有人的一致好评。同时，她一直在不断寻找新的机会。恰好IBM需要扩充销售人员，吴士宏抓住机会，向销售部门递交了一份申请。

IBM对销售人员的要求非常严格，也非常重视对员工能力的培养。由于她在公司内部人缘比较好，主管销售的副总决定给她一个机会，让她从兼职销售人员开始做起。在别人对她不抱任何期望的情况下，吴士宏毫不犹豫地抓住了这个难得的机会。她在兼职销售工作中表现出色，竟然成功地卖出好几台设备，这个成绩让她正式加入了销售部门。

一般来说，要想在企业里取得一番成就，销售是最好的选择。因为在销售岗位上，个人的能力完全可以通过业绩来展现。而吴士宏天生具备与人亲近的能力，这也意味着她天生具备出色的销售潜力。成为正式的销售人员后，她表现得更加出色，职位也在步步高升，从普通销售人员到销售经理，再晋升为区域经理。

吴士宏能够取得成功，不仅是因为她出众的天赋和令人钦佩的学习态度，还有一个非常值得我们注意的因素，那就是IBM这样一家优秀的企业培养了吴士宏，并给予了她公平发展的机会。这个事实很好地展示了IBM激励员工的重要原则——激励员工应该从结果的平等转向机会的平等，努力为员工创造公平竞争的环境。

在IBM，无论你是从事卫生清洁工作，还是中专毕业的员工，只要你能够取得出色的业绩，就会得到晋升的机会，这就是IBM的企业文化。吴士宏一路通过竞聘上岗获得晋升的机会，最终成为区域经理。

还有一条非常重要的原则，就是以民主的方式来激励员工。赏罚分明强调的是要健全、完善绩效考核制度，做到考核尺度相宜、公平合理。中层执行者在激励员工时，要克服有亲有疏的人情风；在涨薪、晋升、评奖、评优等涉及员工自身利益的热点问题上务求民主。

IBM公司"激励员工应该从结果的平等转向机会的平等，努力为员工创造公平竞争的环境"的原则适用于每个想要提升业绩水平的公司。因为对员工来说，得到公平的机会才是激励他们的重要因素。

作为员工，都希望能够有公平的竞争机会，有足够的个人发展空间，以及过上体面的生活。如果企业能够满足这些合理的需求，自然会吸引更多的人才，从而换得员工为企业的发展而辛勤工作，推动企业朝着更好的方向发展。

管理企业和管理员工的核心在于深入了解人性。如果管理者真正了解人性，就会知道给予员工公平发展的机会是多么重要。当管理者给予员工公平的机会，他们会感到被重视和认可，自然而然地会回馈企业。

所以，企业必须确保每个员工都有公平竞争的机会。只有通过公平竞争，才能充分发挥每个员工的能力，并合理地分配他们的工作。这样做不仅能提高经济效益，还能让每个员工都得到应有的回报。

一个透明、公平的用人体系不仅可以让员工感到满意，还能帮助他们充分发挥自己的潜力，从而更好地完成部门的使命。如今，企业竞争的核心在于拥有优秀的人才。只有采用有效的激励措施，特别是适合企业各方面条件的公平激励手段才会留住人才，让他们有更多的机会展示自己的才华。只有这样，才能不断提高企业的效益，从而在市场上占据优势地位。

管理者需要制定科学的任用程序，才能保证竞争的公平。

第一步：公告。人事部贴出公告，公布需要招聘的职位，凡是对这个职位感兴趣的员工，都可以向人事部递交申请书，毛遂自荐，并提供各种材料，详细说明为什么可以胜任这个职务。

第二步：考试。一是论文考试。这种考试要求申请人在规定的时间内完成一篇论文，论文的题目由考试机构提前给定，主要了解申请人的知识水平、观点以及文字表达能力等方面。二是知识笔试，即对所申请职位相关知识进行考试。考试内容包括判断题、选择题、填空题等，主要考察申请人的知识储备、思考能力、判断能力和记忆能力。三是口头考试，主要考察申请人的应变能力。

第三步：初评。人事部对申请人进行初评，然后出具名单，由经理做最终决定。

第四步：面谈。被初选上的员工必须与选拔委员会的成员进行面谈。委员会由一些负责具体业务的管理者和负责人事工作的管理者组成。每次面谈后，委员会根据选拔标准对申请人进行评分，评分合格的员工才能获得培训的资格。

第五步：培训。培训的主要内容是新岗位所需的专业技能和相关知识，包括理论学习和部门实习。

第六步：考评。通过培训来评价候选人的各方面能力，包括判断能力、学习能力、应变能力、观察能力、工作能力以及协调能力等。

第七步：正式任命。

## 制定有效的激励系统

NATD是一家位于美国加利福尼亚州圣莱安德罗的计算机元件承包制造商。这家公司的总裁兼首席执行官坚信，成功与失败是由人亲手制造的。

当他和他的合伙人买下NATD时，设定了三个具体的目标：第一，通过增加利润来扩大公司的规模；第二，分享所创造的财富；第三，创造出一种令每个人都感到满足并从工作中获得乐趣的环境。要实现这几点，只有通过在管理者和员工之间建立一种彼此完全信任的氛围来实现。为了达成目标，他和他的合作伙伴必须每天都努力工作。

这位杰出的商人说："作为总裁，我的职责是明确公司的目标，并制定出实现这些目标的具体策略。为了确保实现这些目标，我高度地重视职务的正确委派。

"我完全相信我们的管理人员确实愿意从事管理工作，但是，他们成为有效的管理者的前提是使某些特定的条件得到满足。因此，我们首先与管理人员一起研究、制订计划，以保证我们的目标既明确而又切实可行；其次，我们会为员工提供必要的培训和设备，以帮助他们实现目标；最后，我们会让管理人员自主工作，并允许他们灵活处理问题。同时，我们还要努力提升自己的能力，成为每个管理人员都需要的那种上级，能够在事后给予他们宝贵的建议，或者在事前阻止他们犯下错误。每个领班都有责任确保本班的生产达到最高效率，而且不出现任何次品。关于这个领班采取什么样的做法，完全取决于他个人的决定。我们只需要确保员工能够因为他们出色地完成任务而从我们这里、从他们的同事那里，以及在工资表中得到应有的荣誉和报酬。"

他们对失败从来没有责怪，而总是以一种宽容的态度对待它。因为责怪和惩罚会使员工因为担心失败而受到约束，失去尝试的勇气。如果不敢去尝试那些从未被探索和试验过的事物，企业将会失去发展的劲头儿，这将是一场灾难。

NATD制定了一套具有严密逻辑性的人力资源管理政策。很明显，这种政策与绩效评估这个主题是一致的。同时，它也符合了以下三个指导原则：

（1）工作绩效定义化。NATD确立了目标、评估和评价方法。

（2）工作绩效便利化。NATD为提高工作绩效清除了障碍，并为员工们提供了出色完成工作所需的资源，还强调了精心挑选人员的重要性。

（3）工作绩效促进化。NATD为员工们提供了足够的、他们认为有价值的奖励(承认、股票所有权和现金)，以鼓励更高的绩效；同时，它充分考虑了员工对所得奖励的实际喜爱程度；还做出了适当的时间安排(一年进行两次报偿检查)；并真诚地关心员工们的公平感。

NATD的成功激励给公司带来了巨大的效益，引起了许多学者对激励系统的研究，经过对众多企业的调查和分析以及在几家企业试验的结果，我们可以确定企业的发展都是在激烈的市场竞争中实现的，而其基础在于企业员工的稳定。所以，管理者要善于采用有效的激励手段，营造企业的良好气氛，为员工提供发展的机会，让员工安心并勤奋地为企业贡献自己的力量。只要激发员工主体的内在动力，充分调动其积极性、主动性和创造性，就能使其不断"增值"，企业也将因此收到更好的效益。

工作绩效的定义、便利和促进构成了激励员工的"三个阶段"。但是，真正能够提高员工工作绩效的莫过于一个有效的激励系统。

工作绩效的大小取决于两个基本因素：一是能不能；二是为不为，也即干不干。前者指胜任还是不胜任某项工作，是否具有承担某项工作的能力和资格；后者是指从事某项工作的积极性的问题。人力资源开发和管理不仅要培养和发掘员工的能力，更要解决员工的工作意愿和工作积极性的问题。

激励方法是否奏效在于激励计划如何实施，当然这必须始终统一在改善工作绩效这一总体战略的目标下。激励计划必须协调人力资源管理的各种要素，形成一个旨在强化员工工作动机的统一计划。管理者不能为了平均对待而牺牲公平对待，否则就会影响员工的工作热情。

大量的调查和研究发现，人的工作效率和工作绩效是其能力和积极性的乘积。用公式表示就是：绩效=能力×积极性。而激励正是充分调动员工的积极性、促进员工的能力有所提升的主要手段。在特定的工作环境和工作条件下，两个能力相仿的人，其工作绩效的高低取决于积极性的高低，而积极性的高低又取决于激励手段运用的好坏。所以，强化激励手段，充分调动人的积极性，对人力资源的开发和管理以及提高员工绩效都具有非常迫切的意义。

管理者要建立一个有效保持并提高绩效的激励系统，最好采用以下几个步骤：目标的合理制定；计划的有效实施；工作概括和总结；公平的奖惩。

## 赞美员工时一定要真诚

赞美要有依据，不能凭空捏造。凭空捏造、过分美化对方并没有的优点、长处，不免让人觉得别有用心。只有诚恳的赞美，才能够感动员工的心。

赞美员工时，语言要有感情，要有适当的热度。如果随意地放大员工的优点或成就，人为地赋予成就本身没有的价值、意义，甚至过分夸奖，那么员工会产生负面反应。这会让受到赞美的人产生骄傲自满的心理，认为自己真的有如此成就，从而陷入"只见树木，不见森林"的困境之中，失去了奋发图强、积极进取的意识。另外，也会导致其他下属心理不平，人们敬仰的是真正的榜样，而不是人为制造的"泥像"。对于名不符实的榜样，人们会从不服气到怀疑，甚至厌恶，疑惑被赞美者是否给了管理者好处。这样不仅起不到应有的示范作用，反而会削弱员工之间的团结，甚至还会给管理者带来许多麻烦。

赞美的关键在于真诚。在员工没有好的表现或成绩时，管理者随意对其进行赞美，很快就会让自己失去威信。他们会觉得你在搞小动作，是在故意挖苦，这会损害管理者在员工中的形象和权威。

20世纪20年代初，查尔斯·史考伯成为美国钢铁公司的首任总裁，年薪高达100万美元。钢铁巨子卡内基为何愿意给他这么高的薪水？史考伯说："我觉得，我有把下属激励起来的能力，它是我最大的财富。而让一个人的能力发挥到极致的方法，就是真心地赞美他们！"

他还说："没有什么比领导的批评更能扼杀一个人的雄心。我很少批评人。我主张鼓励别人工作，因此我喜欢称赞，不爱找碴。如果我喜欢说什么的话，就是我真诚地赞许、大方地赞扬。"

管理者应当发现下属的优点，给他们真诚而热情的赞美。他们必然会品味你的话语，将其当作珍宝，并回味它。所以请牢记这条原则：真诚、热情、切实地赞美员工和赞赏员工是管好员工的秘诀。

对员工如果只笼统地说他很"厉害"，不如具体说他某件具体的事做得很出色更具说服力。一位工作出色的人，听到的夸奖话自然会多，而笼统地赞扬他的工作能力，就像把水倒进海里，没有任何作用。

空洞的赞扬不但不会起到激励的作用，反而会引起员工不信任的情绪，显得虚伪至极，让下属感觉被戏弄。

一家公司的一位员工的发明得了省级科技创新奖。第二天，他一进办公室，办公室主任就热心地说："哎呀，张平啊！听说你的发明拿了国家级大奖哎！真想不到你还有这样的本事，公司老总都关注你啦！这次一定要好好奖励你一下……"她滔滔不绝地说着，张平顿时满脸通红，赶紧解释说："是省里的，不是国家级的。"主任的表情瞬间难看，张平也不知道怎么化解，随便说了几句就回到工位上，心里很不舒服。这样的赞美，不仅没有赞美的效果，反而会起反作用。

管理者在还不了解下属的情况下，如果只会说些"年轻有为""前途无量""干得不错"之类的套话，则难以打动人心。

人们想要的赞美是能真实体现他们价值的赞美。管理者赞美员工当然也要注意这方面的问题，否则就会让员工觉得与管理者之间有隔阂，从而产生不信任感。

在赞美时，语言要真心实意，态度要认真严肃。如果管理者在赞美员工时心不在焉，一边看报、喝水，一边说着几句赞美的话，不仅不会有赞美的效果，反而会激起员工的反感，觉得是在应付他，对他不尊重。时间一长，即便当管理者再去认真严肃赞美员工时，员工也会不放在心上，更不会理会。"人不畏惧倒下，但最怕人格和威信再也树立不起来。"而人格和威信的"倒地"也就发生在细节中。所以，赞美不能随便敷衍，一定要表现出真诚。

## 用真情打动下属的心

有时候，人们经常会碰到这样一种人：我行我素，孤芳自赏，对一切事都不关心，对人也是冷冰冰的。即使见面时礼貌地与你打个招呼，但转眼又恢复原样，对什么都漠然。

和这种人相处，总是让人不舒服、不自在。如果是同事，你可以和他保持距离。可是，作为他的经理，为了工作的需要，必须与他常常接触，他的冷漠肯定会让经理感觉不好。这时，经理该如何应对呢？怎样做才能让他愿意和经理沟通，并提升他的工作热情呢？

某企业来了一名高才生。由于这家企业是一个小型科研机构，近几年人才流失严重，而招聘进来的人才几乎没有，终于有高才生愿意来了，听说他还是名牌大学的尖子生。可是，没多久，大家对他的看法就完全改变了。他总是独来独往。不管是谁都没看过他的笑脸，不管面对谁他都是同样的表情，而且大家很少听到他说话。于是，同事们都认为他是在装腔作势，以为自己是高才生，谁也不买账。

渐渐地，同事们开始故意冷落他。而他呢？根本没察觉到有什么不同，依旧和以前一样，我行我素。

这一切都被科长看在眼里。科长为人忠厚、老实，深受同事们的敬重。凭直觉，科长感觉这名高才生的心里肯定有什么难以启齿或不想说的苦衷，才导致这种状况。于是，科长处处留意观察他。每天上班时，尽管同事们对他不理不睬，没有人愿意和他打招呼，但科长总是热心地问他："嗨，小伙子，你今天很帅哦！"而高才生总是不予回应，面无表情地向科长点下头。每次下班，科长也不忘问他一句："怎么样，晚上有什么计划？"而他依然是那副冷漠的表情，依旧是无声无息。

就这样，日子一天天地过去了。科长每天都在寻求和他接近的机会，时时刻刻都在想办法化解他心中的那层冰霜。慢慢地，高才生开始愿意和科长交谈了。虽然话不多，但科长知道，他的努力没有白费，高才生快要被打动了。

这一天是中秋节。下班后，科长拦住了他，真诚地对他说："过节了，你在这里孤单一人，不如上我家坐坐吧。"

他向科长苦笑了一下，不再说话。于是，科长拍了拍他的肩膀说："走吧，走吧，不用客气。"就这样，科长一边拉一边拽，硬把他带到自己的家里。

吃饭时，科长对他说："不用客气，就当这是你家吧。"还时不时给他碗里添菜。最后，小伙子被感动了，他意识到科长一直以来对他的关心不是装模作样给下属们看的。于是，他也向科长打开了心扉，把他藏在心底的苦衷全说了出来。

他本是一所名牌大学的尖子生，可毕业分配的时候，由于种种原因，最后来到了这个小城。看着其他同学或留北京或去南方，都有好的去处，而自己却远离故乡来到这里，更让他难过的是他恋爱多年的女友也离开了他。于是，他觉得这个世界对他很不公平，为什么他的天空总是暗淡的？从此，他变了，变得寡言少语，对任何事情、任何人都毫无兴趣，有时候，他甚至问自己：在这个世界上到底有什么值得自己眷恋的？

听完他的心事，老科长拍了拍他的肩膀，说："你错了，生活并不是对你不公平，虽然你没能留在大城市，但是凭你的才华，在这个小城市更有利于你的成长。你可以在这里很容易就脱颖而出。等到你有了一定的能力基础，再想向外拓展，出去闯荡不是更简单吗？为什么不好好把握你现在的机会呢？失恋对你来说是个挫折，但你就永远躲在这个阴影里不出来吗？你可以不善待你自己，但你必须善待别人，特别是你的同事，他们对你没怎么样吧，你为什么要把你的不快加在他们身上呢？"

在科长一番发人深省的指导下，他恍然大悟：是啊，我已经浪费了那么多的时间，还能再浪费吗？从此，大家看到了一个充满活力的年轻人。

如果按一般的想法，一个人怎么对你，你就会怎么对他。但是如果那位科长也用冷漠的态度对待那个年轻人的话，也许一个人才就这样白白流失了。

虽然有些人看起来很冷漠，兴趣和爱好都很少，也不喜欢和别人沟通。但作为一名管理者，不能用普通人的视角来看他。要尽量地关心他，留意他的一言一行，从他的言行中发现他真正在意的事情或其中的原因。然后用真心实意打动他，如此一来，他可能会改变以前的那种冷漠，而变得热情起来。

## 要多激励失意者，要奖励有能力者

南风和北风比力气，看谁能把路人的外套吹走。北风先发制人，刮起了一阵刺骨的冷风，想把路人的外套吹飞，结果路人却把外套裹得更紧。南风则轻轻吹拂，顿时阳光明媚，路人觉得很舒适，于是松开了扣子，继而脱下外套，南风赢得了胜利。

这就是著名的"南风法则"，它说明一个道理：温柔胜于强硬。从管理学的角度来看，南风就是正面的激励，正面的激励可以激发员工的主动性，是引导。北风则是指责，是制裁。从中我们知道，正面的激励更加有效。

人都有消沉或者失意的时候，当员工处在这个阶段时，他的内心是极其脆弱的。如果这时候给予其适当的鼓励，要比在他得意时为他锦上添花更有效果。

小赵是一名职场菜鸟，平时寡言少语，不爱与人沟通，总是坐在自己的电脑桌旁。公司开会时，他也不发言，只表示"大家都说得很好，自己应该多学习"。

小赵有个女领导，心思非常细腻，对下属非常关心。当她发现小赵跟同事有些疏远时，就悄悄地关注他。她发现小赵的能力很全面，只是不太自信。于是她找到小赵，以加班太晚，约他吃饭为由，找个机会跟他聊天。谈话中，她了解到，小赵在学校里曾是个风云人物，曾担任过学生会主席，这已经足够说明他的能力了。可是不知道为什么，进入企业后，他突然觉得自己什么都不懂了。

她对小赵说："学生会主席也是一步步走来的。你在职场还是个新手，不要怕挑战，放下你学生会主席的架子，勇敢表达自己，我相信你能做到。"

小赵听后感到很欣慰，想到自己就是因为怕别人说他学生会主席不堪一击，才变得胆小怯懦，不敢放手一搏。听了领导的这些话，他心情舒畅了很多，同时立志一定要在岗位上做出点成绩来。

像小赵的领导一样，当下属在工作、生活或情感上遭遇挫折时，上司的安慰和鼓励能让下属的心态变得积极。这样的积极效果能够增强他们对工作和生活的信心，并对工作和生活满怀期待。

一些领导用人的方式是：索取为主。招人第一天就想着他能给自己带来什么直接好处。简而言之，就是只要"立刻能工作"的人。这其实是一种不尽职的"速食管理"，这样的做法不利于公司的长期发展。

能够培养下属的领导，才是一个真正会管理的领导。如果把公司看作一个"木桶"，遇到困难的下属就是那块短板，他可能暂时适应不了公司的环境，而优秀的下属则是那块长板，他会带领公司前进。一个擅长培养下属的好领导要做的是：鼓励短板让他进步，给予长板奖励，使他愿意留下。

领导的激励和恩惠都是对下属的肯定，激励是对其潜力的肯定，而奖励是对其工作的肯定。每个人有低谷时，也有高峰处，每个下属都有不同的环境。针对不同的下属，做不同的情感付出，让他们在持续地成长的同时为企业发光发热。

那么，激励失意的下属、奖励有能力的下属，管理者需要注意哪些细节呢？

1. 激励失意的下属不能太简单

"加油，你能行。"这句话太简单了，根本起不到任何实质性的作用。应该要换位思考，站在对方的立场上真心体会他的烦恼，了解他的处境，聆听并且提供意见。所以，从他的立场出发，设身处地激励最为关键。

2. 想方设法留住人才

奖励有能力的下属的方式有多种，可以是奖金，也可以是高位的承诺，甚至股票分红。只有让下属因为自己的利益离不开企业，企业才能在真正意义上留住人才。

### 3. 行动比语言更有说服力

什么事都只说不做的领导，最让下属反感。就像跟一个小孩说："你乖乖的，我就给你糖果。"结果孩子很乖巧，大人却把糖果放进自己的嘴里。这是一种欺骗行为，领导绝不能做。领导只有设身处地地为下属着想，让下属觉得这样的领导值得跟随，企业才能在市场竞争中走得更顺更稳，才能在发展中一步步壮大。

# 第七章
## 爆品思维：互联网生态中，企业发展的灵魂

"爆品"是互联网生态的一个名词，是那种让人眼前一亮的产品，无论是产品质量、品质还是服务，都是一流的。爆品意味着巨大的流量、高回报、无与伦比的人气。如何利用"爆品思维"打造让人难忘、让客户"尖叫"的产品，并不是件易事。仔细分析爆品盛行的根源，除了互联网高速传播、自媒体崛起等外部因素外，本质上仍要回归到产品的品质及客户的体验上。

# 打造爆品是一种聚集思维模式

同互联网思维一样，"爆品思维"也无处不在。如果想要成功打造出爆品，就必须深入了解打造爆品的思维方式。而在打造爆品的过程中，需要始终贯彻打造爆品的思维方式。从某种程度上而言，打造爆品的思维方式，是各种思维的结合体，可以将这种综合思维称为"爆品思维"。

那么，"爆品思维"到底是由哪些思维总和构成的呢？换句话说，"爆品思维"应该拥有哪些思维模式呢？总的来说，可以将爆品的思维模式归纳为以下5种：

1.用户思维

对于企业来说，打造爆品时必须将消费者需求放在首位。这意味着需要深入了解消费者的喜好、偏好和需求，以便能够提供给他们真正需要的产品或服务。只有满足消费者的需求，企业才能够真正吸引他们的注意并赢得他们的信赖。因此，无论是产品的设计、功能的改进还是服务的提升，都应该以满足消费者需求为出发点和目标。如果消费者要的是面包，而你开发的是牛奶，那显然是失败的。

企业必须认真了解消费者的想法和感受，然后巧妙地运用"痛点思维"，设计出适合消费者的产品或服务，让他们对产品赞不绝口。这种以用户为中心的思维方式不仅能够带来积极的口碑，还能让企业具备强大的竞争力。

2.品牌思维

为什么要制造爆品呢？这是因为爆品能够在市场上引起巨大的轰动和关

注。通过制造爆品，可以增加企业的知名度和信誉度。当消费者对企业的爆品产生了良好的印象时，他们也会愿意购买该企业的其他产品。此外，消费者也会将企业爆品的好口碑传播给其他人，进一步扩大品牌的影响力。一旦品牌口碑确立起来，消费者在考虑购买同类产品时，首先会立刻想到该企业的品牌。

大家肯定非常熟悉"三只松鼠"。这个品牌成立于2012年，主要销售坚果类零食。令人惊讶的是，短短半年时间内，"三只松鼠"在"双十一"这天的销售额就轻松突破800万元。在2013年的第一个月，销售额超过2000万元，成为坚果行业的全网第一名。2014年"双十一"购物狂欢节，单日销售额超过1.02亿元！

"三只松鼠"之所以能够迅猛发展，这与管理者采取的"爆品战略"密不可分。"三只松鼠"早期只专注于单一产品——碧根果，它们的定位非常准确，从而取得成功。"三只松鼠"的营销方式非常独特。比如，客服模仿松鼠的声音和消费者对话，甚至制作"三只松鼠"的"卖萌手册"。最重要的是，所有宣传都从"松鼠"的角度出发。然后利用"双十一"的平台，迅速引爆消费市场，成功地树立起自己的品牌。

3.粉丝思维

每推出一款爆品，都需要粉丝支持。只有拥有一大批忠实的粉丝，产品才能真正成为爆品。传统的营销推广方法是通过花钱请明星代言，利用明星效应实现品牌传播，并逐渐吸引粉丝。这种方法需要花费很长时间才能看到效果，而且有时可能没有任何效果。

在互联网时代，营销首先要做的是积累忠实粉丝。然后与这些粉丝互动并分享产品，以巩固他们的忠诚度。随后，粉丝将产品推荐给其他人，让他们也成为粉丝……这样一来，粉丝群体就会不断扩大。这种"粉丝裂变现象"会迅速提高产品的知名度，这就是所谓的"社会化传播爆品"。

在"爆品推广"的早期阶段，不能仅仅通过销量来判断成功与失败，而是应该将粉丝视为决定胜负的关键因素，这就是爆品的"粉丝思维"。

4.单品思维

为什么要提到"单品思维"呢？这是因为产品和品牌得到消费者的认

可，企业才能出名。比如，箭牌口香糖、可比克薯片、乐高玩具、吉列剃须刀、李维斯牛仔裤等品牌。这些品牌都以某个特定的产品而闻名，没有这些产品，它们就无法存在。消费者不会说李维斯的手表、箭牌的口气清新剂、可比克的牛仔裤……因为爆品的前提一定是从单品出发。所以，要让企业的产品成为热门商品，就必须以人们喜爱的经典单品推向市场。这意味着企业必须始终坚持一种产品理念，保持"单品思维"。

5.长跑思维

对于大多数企业来说，如果在创业之初就将产品思路定位在只做一种单品，则很难取得成功。这是因为这样做不仅很难建立起品牌的影响力，也没有足够的资金流来支持企业的发展。此外，也无法满足消费者个性化的需求。就好像一家餐厅，只有一种主打菜品，就很难吸引顾客进店消费。

所以，不能忽视爆品的另一个重要思维——"长跑思维"，就像马拉松长跑一样，需要以持久战的态度来打造爆品。

互联网经济、粉丝经济和社群经济改变了传统的经济方式。以前，企业要花费十年甚至二十年的时间才能达到的效果，当今在互联网的支持下，可能只需要两到三年的时间就能实现。这让传统企业感到困惑，应该采取什么样的方法来生产产品？应该如何进行营销？但也会发现，这些一度风靡的热门产品只是短暂地流行，能够持续走红的却非常罕见。

所有的商业运作都必须遵守商业法则，任何一种营销活动都不能忽视营销的本质。在商业运作中，必须始终以消费者的需求为中心。为了找到并满足消费者的需求，需要不断地进行研究和调查。只有这样，才能打造出深受消费者喜爱的爆品。

# 产品为王，才能引爆市场

一个企业要想进行"爆品营销"，首先要确保产品的品质和服务的质量。只有通过提供出色的产品质量和满足消费者需求的能力，才能真正满足消费者的实际需求，赢得良好的口碑，从而引发消费市场的热潮。

没有任何一种完美的营销手段可以长久地掩盖产品本身的不足之处。如果一个产品没有提供足够的营养，即使被包装得再华丽，也只能吸引消费者的短暂注意，无法获得持久的关注和支持。事实上，这种产品甚至可能引起负面的影响。

1.开启"产品为王"的时代

"渠道为王"的时代已经终结，"产品为王"的时代已经到来。过去，传统商业主要关注扩大销售渠道。然而，随着互联网时代的到来，营销模式发生变化，产品逐渐成为企业经营的核心。由于互联网营销的影响，传统的销售渠道变得非常简单。现在，当生产企业推出新产品并上市后，它们只需要通过一个网络中间商，有些企业甚至可以直接将产品销售给消费者。这就表明，传统渠道的作用正在逐渐减弱，而产品或服务的品质逐渐被放大细化。

褚时健是传统企业的"爆品王"，无论是在烟草行业还是转战橙子市场，都能轻松击败竞争对手，成为行业领头人。"褚橙"的成功到底是靠什么实现的呢？有人说，褚时健是依靠自身的传奇故事而取得成功的。这种说法太过简单，重点还是在产品上。褚时健在做橙子的过程中，可以说是以一种非常执着、认真的态度，全力以赴地努力着。

起初，褚时健和他的弟弟褚时佐一起经营橙子种植园。由于在经营理念上产生分歧，兄弟俩决定分开，每人独自经营700多亩橙子种植园。褚时健的做法是先专注于开发出优质的产品，然后再考虑如何推广市场。现在市场上有很多农产品可供选择，很难找到有品牌的农产品，更难找到有特色的农产品。农产品和工业品有所不同，因为农产品很难有一个具体的量化标准。如果想要建立一个品牌，首先要做到的是让产品有自己的特点，它不仅体现在外包装上，还要让消费者在品尝时能够立刻辨别出来。为了解决这些问题，褚时健付出很多努力。他改良土壤结构，研制出了一种独特的混合农家肥，然后解决灌溉问题、病虫害问题和口感差异问题等。

如何让橙子更容易被消费者辨认出来呢？褚时健认为，甜酸度就是答案。经过多次技术研讨，褚时健发现一个问题：果树的结构出了问题，枝条过于密集。于是，他做出大胆决定，大面积砍伐果树并修剪树枝，计划每年砍伐10%的果树。所以说，要想做爆品就要跟产品死磕。

在这个开放、互动、即时的互联网环境中，企业必须真正将产品放在核心位置上，才能在市场上取得成功。好产品比好渠道更重要，从"渠道为王"向"产品为王"转变的时代已经到来，做独一无二的产品，挖掘别人不具备的亮点，是企业发展的根本理念。

2.产品体验带来业绩

在传统行业中，用户体验并不是一个重要的考虑因素。过去，用户通常会先对品牌进行认可，然后再决定是否购买。互联网时代，首先关注的是用户的体验。用户体验的好坏将直接影响到销售业绩和市场前景。因此，必须重视产品的核心价值，其对企业的发展非常重要。

在互联网时代，无论是苹果还是谷歌，都非常重视产品和用户体验。它们的定位和发展方向都致力于与消费者的要求保持紧密联系。由于诺基亚产品一直坚持使用落后的塞班系统，无论如何努力改进，都无法从根本上解决问题，从而导致这个曾经"遥遥领先"的手机品牌在市场份额的保卫战中一次又一次地失败。

随着互联网的迅猛发展，越来越多的商家开始意识到一个重要的事实：

要想成功营销产品，最好的方式就是让用户参与其中，让用户在体验中感受产品、接受产品、爱上产品。正因如此，体验营销这种策略迅速升温。

3.让用户参与产品设计

产品是企业发展的核心。需要明确一点，好的产品并不是"闭门造车"式造出来的。相反，好的产品是需要依赖消费者的支持与反馈，不断改进和完善而制造出来的。在互联网时代，每个人都是自媒体，每个人都有机会在互联网上发表自己的意见。企业通过互联网收集和分析用户的行为数据，就能快速找到用户有价值的信息反馈，并及时对产品进行调整和改进，这样就能精确、高效地完善产品的各项功能。

传统的企业通常会通过渠道分销的方式将产品卖给消费者。这种方式使得企业很难获得消费者对产品的第一手反馈信息。在互联网时代，做产品，必须深入研究用户需求，及时了解用户需求的变化。只有这样，才能在产品开发的过程中做出更加贴合用户需求的产品。例如，企业可以利用新媒体的影响力来收集和采纳用户的意见。当用户提出建议时，企业可以将建议融入产品的设计和开发中。这种做法就是小米手机成功的关键所在。

## 爆品定位的七大原则

互联网时代各种信息快速更新迭代，当某个信息符合当时网络用户的胃口，就能在极短的时间内引发大量的追随者。而这一信息是如何形成的呢？简而言之，就是定位准确，切中了网络用户的内在需求。同理，在商业竞争中，一个企业要想成功推出一款非常畅销的产品，就必须精准地对其爆品进行定位。要想成功地对爆品进行定位，就必须考虑和遵循以下原则：

1.品牌和爆品相互依存

如果把爆品比作一个人的美丽外表，爆品的品牌就相当于一个人内在的品质。一个人不能外表光鲜，败絮其中，做爆品也是如此。品牌和爆品互相依赖，企业在确定爆品定位时，必须考虑产品的具体结构、性能、质量和用途等因素。

不同的产品价值不同，定位也不尽相同。如果一件产品被广泛使用，企业可以适当扩大其定位，以满足不同消费者的需求。如果产品只适用于特定范围，其定位为爆品就不太合适。此时，需要进行更具体的定位，例如专门的仪器和设备等。所以，当确定一个产品的爆品定位时，必须考虑到这个产品本身的特点。

2.考虑资源条件

好的定位可以迅速占领市场并为企业带来利润，这就是为什么要进行爆品定位。当进行爆品定位时，必须根据自身的实力来衡量，因为拥有多大的能力，就承担多大的责任。需要充分考虑企业的资源状况、人力状况和经济状况，以确保不会浪费资源，也不会超出企业的承受能力。所以说，爆品定位一定要量力而行，想走进高端产品市场，硬件条件跟不上，也是白白浪费资源和时间。

3.站在满足消费者需求的立场上

必须以满足消费者需求为出发点来定位爆品，通过各种传播手段让爆品在消费者心中占据有利的位置。

拿宝洁集团的系列洗发水来说，海飞丝的特点就是能够有效去除头皮屑，让消费者的头发清爽无比；潘婷则注重对头发的营养保健，让消费者的头发更加健康亮丽；飘柔则以其独特的配方，让消费者的发丝如丝般顺滑。它们的产品广告也都有自己独特的特点，让人印象深刻。

海飞丝的经典蓝，会让消费者想起湛蓝的海洋，视觉效果总是带给消费者一丝清新和凉爽，广告语为"头屑去无踪，秀发更出众"，这更加强调了海飞丝去头屑的功效，让消费者对它的效果更加有信心。

潘婷的包装是奶黄色的，看起来非常光滑，给消费者一种滋养的感觉。"瑞士维他命研究院认可，含丰富的维他命原B5，能由发根渗透至发梢，补充养分，使头发健康、亮泽"的广告语，从各个角度都在强调潘婷是一款营养型产品。

宝洁要求每个品牌都要有特点，这样就可以牢牢抓住顾客。所以，宝洁旗下的爆品彼此之间竞争激烈，但每个产品又都有自己独特的优势，为消费者提供不同的消费体验，同时也保证了自己品牌的新鲜感。

可见，在进行产品定位时，必须始终将客户的需求放在首位。无论是他们的心理需求还是情感需求，都要把爆品的卖点和客户的需求紧密地结合在一起。

4.考虑品牌识别与品牌主张

品牌识别是指人们通过观察和辨认该品牌的logo、特点、产品等特征来识别出该品牌。其实，品牌的logo、特点、产品等各方面的结合，就是品牌的整体表现形式。麦当劳品牌的重要特点之一就是它的干净和卫生。不过，这个特点并不能成为麦当劳与竞争对手区分的主要特征，所以不能说它是品牌识别的关键因素。

品牌主张就是品牌想要传达的核心价值观，可以与品牌识别融合在一起，为爆款产品的定位提供支撑。品牌定位、品牌识别和品牌主张之间存在着紧密的联系，但又各自有特点。品牌识别和品牌主张可以作为品牌定位的基础，但它们并不能单独决定品牌的定位。相反，品牌定位有能力改变品牌的识别和主张。

另外，如果一个品牌没有明确的定位，就无法被消费者识别和理解它的核心价值观。只有当一个品牌有了明确的定位，才能够真正地发展起来，并且在传达自己的理念时具有系统性和深度。

5.关注竞争者

在确定爆品定位时，必须重视竞争者。竞争者是品牌定位时的重要参考因素，市场经济中的竞争非常激烈，每个细分市场都有一个或多个竞争者。要想找到一个可以垄断的细分市场或者一个未被开发的市场，非常困难。

在这样的市场形势下，需要通过深入研究竞争者，利用自身的长处来"攻击"竞争对手的短处。如果没有特色，只是盲目地跟随和模仿，既无法吸引消费者，也无法建立起消费者的忠诚度。无论你做得多么出色，对于消费者来说，只是一个"超级模仿秀"。

所以，必须确保爆品定位具有独特的个性，让其他竞争者无法模仿，从而突出自身的竞争优势。只有通过这种方式，爆品才能成为市场上畅销的产品。

6."晓之以理，动之以情"

所谓"晓之以理，动之以情"，其实就是要在爆品定位上兼顾情感和理性的因素。只有这样，才能更好地吸引和保持消费者的关注。从理性的角度来看，企业需要考虑到消费者从产品中获得的实际效益。比如，钟表提供了准确的计时功能、药品能够治疗疾病、钢笔可以用来书写、冰箱能够保持食物的新鲜和冷藏等。此外，企业还可以根据不同类型的消费者对爆品的特殊要求进行具体的定位，以满足他们的需求。

消费者对爆品有着自己独特的情感需求。就像瓦尔特·玄纳特在《广告奏效的奥秘》一书中所提到的：人们首先是情感驱动的，然后才是理性决策。同样是手机，在功能差不多的情况下，有些人喜欢苹果手机，可能是因为它的设计和用户界面更加吸引人；有些人喜欢华为手机，可能是因为它的摄像头和性能更出色；有些人喜欢OPPO手机，可能是因为它的快速充电和音质效果更好；有些人钟爱vivo手机，可能是因为它的音乐播放和外观更加符合他们的需求。在这种情况下，爆品品牌就像是一种能够触动人们情感的象征，成为满足他们情感需求的一种工具。爆品的这种特征，也叫作品牌的表现性。

7.一看就能领会的爆品定位才能被市场青睐

人们多喜欢简单的事物，因此企业选择简明扼要的爆品定位会更加有效，不需要列举爆品的所有特点，也不需要详细解释爆品定位。市场更喜欢那种消费者一看就能明白、就能领会的爆品定位。对于爆品来说，只需抓住其中一个或两个特点，用简洁明了的表达方式来展示即可。这也是定位爆品时必须遵循的一条重要原则。

## 提炼爆品卖点的四个要点

"爆品卖点"听起来简单，实际上却让人感到困惑。它既无法看见，也无法摸到，更让人难以把握。那么，爆品的卖点到底是什么呢？爆品的"卖点"就是与其他产品不同的特点。这些特点可能是前所未有的，也可能是独具创意的；可以是产品原本具备的，也可以是营销策划人员有意打造出来的。无论这个特点如何产生，只要能在营销中运用它，并且能够让消费者接受和认可，就能建立一个非常受欢迎的品牌，而且创造出丰厚的利润。

此外，还可以把爆品卖点看作是消费者决定购买的原因，而爆品的最佳卖点，就是能最大限度地激发消费者购买欲望的那个点。但一定要明白：

（1）爆品的特性可以是爆品卖点，但爆品卖点不等同于爆品特性。当市场上出现一个独一无二的爆品时，这个爆品的特点就是它的卖点；当一个产品的某一特性被率先开发出来，而其他竞争者还不知道时，这种特性也能成为卖点。然而，当爆品的特点变得普遍且相似时，这种特点就无法成为吸引消费者的卖点了。

（2）爆品的卖点是优点，但优点不一定是爆品卖点。如果一个爆品的某项优点是独一无二的，而同类爆品并不具备这个优点，这项优点就可以是爆品卖点；如果是同类爆品都具备的某项优点，这项优点就不能成为爆品卖点。

（3）爆品的卖点不是"唯一"，但一定是"第一"。当爆品专利到期，权限放开时，它曾经的卖点也就是爆品专利，一定会被模仿和使用。当时作为第一个使用这一卖点的品牌和爆品，依然在市场上占有绝对领先的地位，因为这一卖点在消费者心中已经形成了深刻的印象。

（4）爆品的卖点一定要符合自己的爆品的特点。很多爆品策划人员都遇到了一个难题，就是找不到爆品的卖点。实际上，爆品的卖点并不只能是单一的一个点，而可以是由爆品特性组成的一个集合体。我们将自己独特的爆品生产工艺、技术和设计等特点结合在一起，与其他竞争者区分开来，将不符合我们产品规格的其他特性排除掉，这就是我们自己的爆品的卖点。

（5）爆品的卖点必须经得起验证。爆品的卖点必须经得起市场的验证；经不起验证，爆品的卖点就会给品牌和爆品的形象带来损害。

（6）爆品的卖点是给消费者一个选择我们的理由。如果爆品的卖点是独一无二的，消费者肯定会毫不犹豫地选择它。如果爆品的卖点不是"独一无二"的，它可能会成为顾客的第二选择。

（7）爆品的卖点是爆品营销策划和销售层面的一个点，它是爆品能否销售成功的关键点，但爆品卖点的基础还是产品。说一千道一万，产品不过关，爆品的卖点再花哨也得不到消费者的认可。

想要卖出爆品，就要挖掘产品的最佳卖点，这是现代营销的基本常识，也是现代企业的共识。那么，怎样提炼爆品的卖点呢？

1.直白

爆品的卖点最忌拐弯抹角、含糊其词。有些企业的爆品概念非常含糊，比如啤儿茶爽，到底是啤酒还是茶，消费者无法准确地了解这个产品。因此，这种模糊的卖点无法塑造出一个真正引人注目的爆品形象。

好的爆品卖点应该是直白的，甚至是"简单粗暴"的。例如：广告语"怕上火，喝王老吉！""恒源祥，羊羊羊！"，爆品卖点是什么，消费者一目了然。

2.差异化

提炼爆品的卖点时，一定要确保它具有差异化。这种差异化可以是产品独有的卖点，也可以是其他竞争对手没有重视的卖点。并且必须对这个差异化的卖点进行强化。

市场上有很多公司都在生产凉茶，不仅仅是王老吉一家，如果王老吉只把它当作保健品来销售，受众就会非常有限。但当作饮料来卖，并强调"防止上火"的功能，就大受欢迎，而且与普通饮料区别开来，这就是差异化。王老吉也对差异化的卖点进行了强化，罗列出需要预防上火的多个场景，在这些场景里消费者都畅饮王老吉。

3.打动消费者

爆品卖点要打动消费者，消费者才愿意去使用、传播并分享。所以爆品的卖点一定要具有说服力，要基于爆品本身，还要触及消费者的"痛点"和需求点，不仅要感动消费者，还要说服消费者去买爆品。这也是爆品研发者和营销策划者的初衷。

4.找一个理由

提炼爆品的卖点一定要找一个理由。从消费者的角度来看，这个理由就是满足他们个人的具体需求，让他们觉得这个理由是独一无二的。因为大多数消费者在购买商品时更多地受情感驱使，所以那些特别感性的消费者尤其需要一个明确的、无可置疑的理由来支持他们的购买决策。

拿"恒大冰泉"来说吧，投入几十亿元，可是却没有成功地塑造出恒大冰泉高端水的形象，而且在销售方面也没有取得什么突破。实际上，问题的核心在于恒大冰泉没有给消费者提供足够充分的理由。他们声称这种水源来自3000万年前的地下水，还提出了"黄金四大水源"的概念。不过，这些卖点别人都用过了，当然不能成为消费者购买的理由。

## 痛点是一切产品的基础

一位保险销售人员向女企业家推销保险。后者听完介绍后说："有一回我在商城看到了一串白金钻石项链，的确很漂亮，可是30万元一套啊！这套项链我梦寐以求很久了，也去看过好几回了。当我准备付款买下时我问自己：不买会死吗？不会死；有别的东西代替吗？当然有。这次，我同样问自己：如果我不买保险，难道会死吗？"

听了女企业家的话，保险销售人员回答说："人不买保险不会死，不过死的时候会死得'很惨'。当然不是说'你死得惨'，而是说那些依靠你的人会很惨。因为你死后你是什么都不需要了，但是活着的人呢？他们可能万事艰难，什么都需要。保险是唯一能让他们获得最大保障的方法，没有任何东西可以替代。"这一番话，成功地说服对方买了保险。

例子中的保险销售人员找到了客户的"痛点"。有时候，极力向客户渲染"不买某件产品的痛苦"，而不是像传统营销方式那样总是推崇"购买产品能得到的良好体验"，反而更能取得意想不到的效果。

移动电话并不是苹果公司发明的，但是乔布斯认识到，消除消费者的"痛点"，也就是制造更好的手机，可以改善消费者的生活。而后，我们看到的结果是，一个以消除消费者的"痛点"为主导的苹果，"颠覆"了一个以产品功能为导向的诺基亚。

那么，企业如何准确找到消费者的"痛点"呢？

1.找风口

要想精准地找到痛点，就必须先找准"风口"。"风口"这个词来自小米雷军说的一句话："站在风口，猪也能飞起来。"

关于如何找到风口，一些成功打造爆品的企业家表示：过去他们会看新闻联播，研究国家政策，看看外国有没有出新产品，关注竞争对手的动向。现在，这些方法他们还在用，但是成与不成就要看运气了。

到底该如何找到风口？

（1）首先要找到产品的潜力和市场，这也是很多打造爆品的企业或商家把风口定位在人们衣食住行上面的原因，因为衣食住行衍生的产品潜力和市场都非常大。

（2）其次要标准化。产品可以分为三类：标准品、半标品、非标品。目前很多传统的线下产品都是非标品。如何把非标品做成标准品很关键，而困难程度也显而易见。

"爱空间"是一家互联网装修公司。室内装修在过去都是非标品，很难在互联网上打出一片天下。但是"爱空间"就找到了这样一种标准化的方式——"699元／平方米，一键装修"。

（3）高频消费要找到高频消费用户的需求点，占领用户的入口。这种"高频打低频"，是互联网上常见的游戏规则。

美团是国内的"团购之王"当之无愧，万万没想到，半路杀出来个"饿了么"，专做外卖，给了美团一个下马威。

过去，外卖市场并不被人看好。因为做外卖的基本上是一些小店、夫妻店，一份外卖平均才十几元钱，每一单挣的钱太少。但是，"饿了么"看中了这个外卖市场的巨大潜力，因为"点外卖"这件事情在生活中太常见了。"饿了么"由上海交通大学的4名大学生创立，自成立9年以来，一直把注意力放在高校里。事实上，高校里的外卖市场非常大，因为学校食堂根本满足不了学生的需求，学校周边的餐馆种类繁多，物美价廉，也需要一个发布信息的平台。

美团的单笔外卖价格虽然高，但是使用频率低。美团的创始人王兴算了这么一笔账："中国有13亿人（当时），每天3顿饭就有40亿顿饭，他要么在家吃，要么送上门来。即使10%的比例就有4亿次。"于是，美团开始了外卖反击战。

也可以这么说，外卖做大了，顺便做团购，很容易实现"高频打低频"。

2.找"一级痛点"

找到风口后，就能打造爆品吗？不一定。实际上，有些公司就算找到了风口，也并没有成功。那么，什么是"一级痛点"呢？用户的痛点也分等级，就像一座金字塔，金字塔的顶端是一级，往下以此类推。在顶端的就是消费者需求最强的点，也就是最能影响消费者购买力的那个点。

余额宝于2013年6月正式上线，在短短5个月之内，余额宝让天弘基金扭亏为盈，成为资产规模全国前十；一年之后，用户数量破亿；两年之后，余额宝的资金规模超过7000亿元，成为全国第二大货币基金。

余额宝的爆炸性发展，就是因为这个"一级痛点"找得十分准确——草根人群也能理财。也是为草根人群"量身定制"。

用户的"一级痛点"分为三个层次。

（1）性价比：关键不是价格低，而是品质高。

消费者都希望买到价格实惠、品质优良的产品，这就是消费者的"贪心"。换句话说，当消费者追求"便宜"时，实际上是在追求所购买物品的"性价比"，性价比是消费者一级痛点的一记"绝杀"。然而，要强调的是，性价比的关键并不在于价格的低廉，而是在于产品的高品质。

在互联网时代，我们看到越来越多的低价甚至免费的产品和服务不断涌现，有一些企业还采取购物补贴的策略来吸引消费者。

小米插线板的性价比非常高，可以说是做到了极致。这个小插线板真是太神奇了！就是这个不起眼的小插线板，却成为一个爆品。

（2）高格调："你再不用这个产品就彻底out了。"

"性价比"是绝杀，但是高格调更胜一筹。什么叫高格调？简单来说就是品位，换句话说，就是"你再不用这个产品就彻底out了"。

情怀就是一种格调。爆品电影——《后会无期》的情怀是文艺，卖点是

"坏孩子"；《小时代》的情怀是"90后"，卖点是"友情"。爆品要的不只是情怀，还得有硬体验。而硬体验是格调的通行证。

（3）最高境界：玩转粉丝经济。

找准一级痛点的最高境界就是玩转粉丝经济。把消费者变成粉丝始终是企业的一件重要工作。小米在这方面做得很好，小米的饥饿营销就是一种驱动粉丝的机制。能够驱动粉丝的是特权，而饥饿营销的背后就是一种粉丝特权。

如何玩转粉丝经济呢？有一个方法很实用，即"100个铁杆粉丝"。就是说，先找到100个铁杆粉丝，赋予他们粉丝特权，然后引导他们。

小米刚开始做MIUI时，就是靠"100个铁杆粉丝"。据小米黎万强介绍，他们早期在各大论坛寻找资深用户，好不容易找到了1000人，又从这1000人里选出了100个超级用户，让这100个超级用户参与MIUI的设计、研发和反馈。这100个人就是MIUI的星星之火，他们把这100个人称为"100个梦想赞助商"。

这就像滚雪球一样，100个用户也许只是个小雪球，但是这100个用户能够影响其他用户，这个雪球由此越滚越大，用户就会越来越多。

找用户不难，难的是维护用户。有条件的企业可以利用各大论坛；条件欠缺一点的，QQ群、微信群也是不错的选择。

## 尖叫点思维，打造爆品的重要途径

"尖叫"就是产品的口碑指数。在传统的"流量光明森林"里，产品很重要，但是有没有口碑指数并不是"生死的关键"。但在互联网的"流量黑暗森林"里，产品的口碑指数则是"生死的关键"。在互联网中，一切中间环节被砍掉，只有产品能够让消费者"尖叫"，产品才有放大10倍、100倍的威力。如果产品不能让消费者"尖叫"，光靠营销放大，是很难长久的。

雷军创立小米时，对金山过去的模式有过深入骨髓的反思。其中一个重要的反思就是产品思维："中国在很长时间内是产品稀缺的。粗放经营，做很多，却很累。一周7天，一天恨不得工作12个小时，结果还是干不好，就认为雇用的员工不够好，就开始搞培训，搞运动，洗脑。但是，他们从来没有考虑把事情做少。互联网时代讲求单点切入，逐点放大。"

爆品战略跟传统企业做产品的最大区别，就是产品的尖叫指数。传统企业也会想办法让消费者"尖叫"，大多采取的是营销手段，发展了N多种打法，如疯狂打折、明星参与促销、超强赠品、"免费"、美女促销等。

时尚品牌A＆F就是这样一个非常奇葩的公司。A＆F的性感营销有自己的三板斧：第一，开业时请八块腹肌的半裸男模助阵；第二，店面设置很变态，很多人进去吓一跳，灯光很灰暗，甚至看不清脚下的路，空气中弥漫着浓重的A&F古龙香水味；第三，拼颜值，A&F的售货员颜值都很高，而且穿着海滩装和拖鞋，因为这个公司信奉"漂亮的人会吸引更多漂亮的人"的原则，并以此为标准来招聘店员。

A&F前首席执行官麦克·杰佛瑞斯曾说过："为什么A&F不卖XL尺码或XXL尺码的大码女装？因为A&F不做胖女人的生意。"

听上去很有创新吧！但是这个奇葩公司正遭遇业绩大幅下滑的困境：A&F的同店销售额已经连续12个季度出现下滑趋势；2014年在美国关闭了超过60家门店。

半裸男模为什么救不了A&F？A&F那种传统做产品的模式过时了。A&F的杀手锏就是在衣服上印大logo，就是那个标志性的大麋鹿，但是现在年轻人不喜欢这种大logo的服饰。另外，除了大logo，它在面料、设计上几乎没有什么创新。

营销噱头重要不重要？重要，它可以带来流量，但绝不是卖点。如果没有产品本身的支持，即便是再多的半裸男模也没用。

过去制造尖叫的王道是"与众不同"，A&F就是这样一个与众不同的例子。但是互联网时代制造尖叫的王道是"让用户爽"，也就是说需要在用户思维里种下价值锚。那么，如何在互联网时代制造尖叫？

1.利用流量产品制造尖叫点

几乎所有传统企业都会面临一个烦恼：如何在互联网上做流量？

传统做流量的方式就是渠道，然而互联网上做流量光靠渠道远远不行，必须用互联网的方式，这种方式就是设计流量产品。

什么是流量产品？就是用产品来拉动用户流量的方式。设计流量产品甚至是爆品模式的一门必修课。

在传统企业中，宜家是设计流量产品的高手。宜家很奇葩，一家传统企业，竟能在电商这个12级海啸的大浪里一直独善其身，非常不容易。2013年宜家网站的访问量增长了将近20%，而与此同时其线下店的客流量仅下降了1%。这让很多传统家居企业看到都要撞墙了。

宜家的产品，都是经过设计师精心设计的，很有风格。最重要的是，宜家很多产品是低价格的，宜家在店面里设计了很多流量产品，每隔几米就有一个，如拉克桌最低售价33元、布朗达碗最低售价7.9元/4件、平底锅仅售7.9元。

而爆品的王道不是低价，流量产品的王道才是低价，甚至是免费。流量产品的"杀伤力"惊人。不信看看餐厅"外婆家"，每次去都排队，而且每家店都要排队，感觉365天都要排队：它是一家针对年轻人的快时尚餐厅，基本上都开在大的购物中心里。为什么？年轻人多啊。

2.打造产品口碑来制造尖叫点

口碑由何而来？口碑就是源自商家提供的产品或服务远超于消费者预期，这个超预期就是尖叫点。例如在一家没有星级的餐厅中享受到三星级甚至四星级的服务，大大超出客户的心理预期。当然后续消费者会为商家做宣传，这样商家的口碑就树立起来了。

小米科技董事长雷军认为，在中国口碑做得最好的是海底捞，他甚至让小米的有些高层去体验海底捞的服务。

在海底捞，服务员的笑容是发自内心的，而不是为了迎合公司的规定。海底捞的服务肯定不会有五星级酒店那么好，可是为什么口碑却这么好呢？说到底就是三个字——超预期。

意思就是如果你去了一家五星级酒店，他们提供五星级的服务，你觉得没什么，因为你付了拥有这个服务的钱。但是如果你去了一家三星级的酒店，却享受到了五星级的服务，你就会觉得这家酒店真不错。所以，口碑的核心就是超预期。

3.将产品快速迭代来制造尖叫点

将产品快速迭代，就是根据用户使用过后的建议和反馈，对产品及时调整，做适当的更新迭代。现代科技飞速发展，任何一款在当下看起来的高科技产品，过不了一阵子就会出现新品替代它。所以，在这样快速迭代的趋势下，没有一款产品是完美的。这表明产品永远有进步的空间。

尤其是软件类的产品，打造让用户尖叫的点就是要靠快速的更新迭代。

## 好的品牌故事要么走心，要么娱乐

企业想要走爆品路线，必须树立起自己的品牌。只有这样，才能增加爆点、打开市场。因此，对于那些有意走爆品路线的企业来说，更应该从品牌故事开始，努力塑造自己的爆品品牌。所谓的"品牌故事"，就是以品牌为中心，对品牌的创立或发展历史，以故事的形式来展示与品牌相关的时代背景、文化内涵、经营理念等方面的深度内容。也许每个企业在制造爆品方面都有不同的专长，每个品牌背后的故事也都有其独特之处，但是每一个品牌故事都有同样的作用。

好的品牌故事可以让消费者更加了解和喜欢这个品牌，它能够加深品牌在消费者脑海中的印象，让消费者更加关注和重视与这个故事相关的企业。这样一来，消费者就会更加喜欢这个品牌，觉得它更亲近、更可信。就像一个名人有着传奇的经历一样，一款爆品如果有自己的品牌故事，它的魅力、品位和神秘感都会得到增强。杜纳·E.科耐普，这位品牌专家和品牌理论的创始人，曾经说过一句非常有道理的话："品牌故事给予品牌生命力，增加了人性化的感觉，也将品牌融入顾客的生活中……因为，人们都喜欢真实，真实是品牌成功的关键。"

那么，什么样的故事才能被称为好故事呢？好故事要么走心、要么娱乐。走心的故事能够最大限度地打动人心，而娱乐性的故事则能够吸引特定的受众群体的注意力。几乎每个经典品牌都有自己独特的品牌故事，这些故事或让人感动，或让人娱乐，它们通过这种文化营销的方式，成功地牢牢抓住了消费者的情感。好的故事会详细记录一个品牌从诞生到发展的历程，让人们能够清晰地了解品牌的成长过程，还会展示企业的核心实力，让人们对该企业有更深刻的认识。更重要的是，还能承载着品牌的文化价值，让人们感受到品牌所传递的独特文化和价值观。

1.走心的故事最打动人

1894年3月12日，瓶装可口可乐首次进行市场销售，从此开启了饮料市场上的百年销售传奇。即使将营销视野扩大到所有行业，也很少见到能够在百年的时间里一直保持畅销不衰的品牌，然而可口可乐实现了。作为一家百年老店，可口可乐从来没有让自己迈入老龄化。作为一款全民共享的饮料，可口可乐在年轻人群体中的口碑相当不错。别看它历经百年，基本不请大牌明星代言，其实它有自己独特的营销策略。

1885年，美国佐治亚州的约翰·彭伯顿发明出一种深色饮料，叫作彭伯顿法国酒可乐。然而，在1886年5月8日，他产生了一个新的想法，希望创造出一种无酒精的饮料，一种让很多需要补充营养的人喜爱的饮料。那一天，他用搅拌器搅拌完刚刚做好的饮料，发现它有提神、镇静的功效，甚至能缓解头痛。约翰·彭伯顿将糖浆和水加入液体中，然后加入冰块，尝了一口，味道好极了。就在搅拌调试的过程中，助手不小心把苏打水（二氧化碳+水）加了进去。令人意想不到的是，这次的味道竟然变得更好了。

合伙人罗宾逊从糖浆的两种成分中得到灵感，这两种成分分别是古柯（Coca）的叶子和可乐果（Kola）的果实。罗宾逊觉得Kola这个名字不够整齐，所以把K改成了C，并在两个词之间加了一条横线，这样就诞生了Coca-Cola。

以发生的品牌事件做故事爆点，可以吸引消费者的眼球。还有很多类似的以情动人的故事。无论是爆品品牌创建者的传奇故事，还是品牌发展过程中经历的故事，比如海尔的张瑞敏怒砸76台不合格的冰箱以创立海尔品牌的故事；肯德基每天都会销毁当天卖剩的汉堡包，以保证每个顾客都能品尝到新鲜汉堡包等，都是走心的故事。这些故事被消费者口口相传，使得销量不断攀升，品牌得以塑造并不断壮大。

2.以当下流行元素为素材，演绎娱乐传播路线

品牌故事对于企业的运营和爆品的营销都非常重要，能够为企业带来积极正面的影响。一个好的品牌故事会以特殊的方式影响消费者的思维，使他们真正理解并认同企业的品牌文化和品牌价值观。这种影响深入人心，不容易被轻易改变。除了讲述那些让人感动的品牌故事，企业还可以利用当下流行的人、事、物作为素材，以娱乐的方式来实施营销策略。

Aflac——让鸭子成为大众文化的标志。Aflac是一家专门销售额外补充险种的保险公司。以前，这家公司主要在美国佐治亚州哥伦布市和日本开展业务，除了这两个地区，几乎没有人知道它。从2000年开始，好像突然间所有的人都知道了Aflac，现在在美国消费者中，Aflac的品牌知名度已经达到了90%。这一切要感谢那只在电视广告中不停地嘎嘎大叫，渴望让每个人都知道它的鸭子。这只鸭子非常引人注目，嘴巴是明黄色，身穿蓝色上衣。它的工作非常简单，除了大声尖叫之外什么都不做。Aflac公司让它在电视广告、平面广告、慈善活动和产品植入广告中频繁出现，现在它已经成为大众文化的标志。这只鸭子让公司在美国的销售额直接增长了大约30%。"如果没有这只鸭子，我真的无法想象会发生什么。"公司的CEO丹·埃莫斯说。

娱乐式故事元素非常丰富多样，可以是一些非常独特和新颖的故事形式，比如以动物为主人公来描述事件。还可以是一些与流行元素相关的八卦新闻，比如"中国好声音"、迈克尔·杰克逊舞步等。这些流行的名人效应也会爆发出非常大的影响力。此外，人们都喜欢在网络上追踪那些有很大影响力的名人，当他们发布一条新闻、信息或言论时，这些内容很快就会引起轰动并迅速传播开来。

品牌故事可以搭乘娱乐快车迅速进入消费者的视线，在故事中巧妙融入企业的产品信息，以达到品牌推广和产品推广的目的。当然，很多娱乐式的故事听起来好像无聊，事实并非如此，关键在于是否能够找到那个准确的爆点。

## 软文营销，爆品传播内容的推广

软文营销是一种非常有生命力的广告形式。软文之所以叫作"软文"，其精妙之处在于"软"，给人一种无形的营销模式，当你真正感觉到这是一篇营销型软文时，你却已经被深深地吸引，这就是具有"最强生命力"的广告。对于一款爆品来说，其软文的撰写不但要增加爆点，还要重塑品牌。

1.爆品软文撰写的几种方式

软文不仅给无数企业带来惊人的利润和效益，而且逐渐在个人、各行业和各种社会趋势中得到应用。令人惊讶的是，一些医院和学校也开始尝试运用软文，以扩大自身的发展空间和提高市场竞争力。在撰写爆品软文时，企业应当有序、高效地进行，以达到最佳的软文效果。那么，撰写爆品软文时，可以采用哪些具体的方式呢？

◆设问式：首先提出一个极具吸引力的问题，然后自问自答，引出产品信息。如："戒烟真的那么困难吗？"

◆痛点式：抓住消费者的痛点，直击软肋。如"高血脂、脑瘫的前兆""腰椎间盘突出、坐骨神经痛、颈肩痛，不容忽视的健康杀手"。

◆故事式：从讲述一个故事开始，引出故事背后的产品线索。这样的故事要具备知识性、趣味性和合理性，吸引潜在消费者的同时，让他们有一个深刻的感悟。

◆抒情式：以情感为主，让产品为完成情感表达所服务；语言要容易打动人，容易走进消费者的内心。如："老公，烟戒不了，洗洗肺吧！"

◆促销式：配合促销活动直截了当，借助消费者的攀比心理和贪便宜心理，刺激消费者快速消费。如"限时促销，最后一批，先到先得"。

2.爆品软文营销的操作流程

爆品软文的最终目标是塑造企业形象和赚取利润。然而，真正依靠软文广告取得成功的企业并不多，这是因为大多数企业没有意识到软文广告计划的重要性，它们在推广软文之前没有提前制订好广告计划。软文广告的计划是由企业的广告方案策略制订的。那些善于运用软文广告的企业通常是注重策略的企业，同时也是善于运用低成本运营的企业。所以，企业要想成功进行软文营销，就必须认真制订一个优秀的软文广告计划。爆品软文营销可以通过以下几个步骤执行：

（1）明确软文的中心思想。软文的中心思想就是给文章注入灵魂，它让主题在软文中展现得更加鲜明，让读者能够真切感受到层次感。软文的推广形式非常多样化，可以像日记一样，让读者感受到作者的真实情感；也可以像广告一样，引起读者的兴趣并促使其购买产品；还可以像新闻信息一样，传达最新的资讯和事件；另外，软文还可以作为一个产品介绍，详细介绍产品的特点和优势。总之，软文的推广形式非常灵活多样，可以根据不同的目的和受众来选择合适的形式。无论选择哪种方式来表达，只有一个目标，那就是用文字将事物具体地描述出来，以吸引读者的注意并激发他们的购买欲望。

软文的中心思想确定之后，需要确保软文的正文能够明确地传达出三个方面的内容。首先，明确软文的诉求重点，因为它是软文的核心内容。其次，需要深入分析诉求的重点，以便创作出引人入胜、生动有趣的软文，让读者感受到其中的真实感。最后，激发潜在消费者的行动，让他们真正成为客户。这就是软文最重要的目标。

（2）植入关键词和链接。在软文推广的文章中，需要植入要推广的关键词或链接，这样才能让信息与广告相结合，而写软文的目的就是推广关键词和链接。然而，要在软文中自然地植入它们也是一门艺术。软文中加入关键词或链接，需要自然而然，而不是强加硬塞，不能让人感觉到是为了推广而推广，才能受到读者的欢迎。

（3）强化软文推广技巧。SEO指搜索引擎优化，也就是通过一些技巧和策略来提高网站在搜索引擎中的排名。在写软文时，需要注意一些细节。首先，把标题加粗，可以吸引读者的注意力。其次，关键词放在文章的开头部分，搜索引擎会更容易识别出文章的主题。另外，还要在文章中加入一些适当的外部链接，可以增加文章的可信度和权威性。最后，如果有需要，还可以把关键词加粗或者加上外部链接，可以进一步提升文章在搜索引擎中的排名。选择多家重要的平台来发布软文，而不是只选择一家平台来发布。可以在每篇文章后面加上一篇自己写的非常引人注目的文章，这样可以引导读者访问本文之外的其他文章。

（4）借助软文营销的营销软件。所谓的营销软件，就是那些能够帮助发布商业信息、提升商业形象、获取商业信息、分析市场数据、进行在线咨询和交易等各种操作的电脑软件。它们的目的就是直接或间接地帮助商家实现营销目标。随着互联网的不断发展，有更多种类的营销软件可供选择，比如利用抖音、哔哩哔哩、微博、微信、小红书和快手等多种方式来进行营销。利用营销软件，可以达到爆品软文推广的最大化。

3.爆品内容软文撰写的技巧

"软文"一词在我国的营销词典里占据重要位置，它正在逐步成为实现更多商业价值的武器，那么为了更好地理解并撰写软文，我们需要掌握哪些技巧呢？

（1）找准文章切入点。所谓"文章切入点"，就是企业在写爆品软文时选择从哪个方向、哪个角度来写，也就是文章的主题。举个简单的例子，比如写一篇名为《如何把你的产品通过网络销售出去》的文章，它的切入点就是"网络销售"。这个切入点非常容易理解，就是讲述如何通过网络来销售产品。

（2）软文标题要引人入胜。一个题目如果生动、吸引人，并且与当前热点相关，很可能会引起人们的关注。在软文写作中，标题的重要性不言而喻。可以说，拟一个好标题，等于软文就已成功三分之一。例如，《2008年中国十大网络营销新秀》这个标题，看起来非常引人注目和令人兴奋，那些对网络营销感兴趣的人一定会被吸引，可能会点击进去看看。这样一来，这篇软文就达到了预期的效果。

（3）软文的篇幅不宜过长。现在的生活节奏非常快，读者已经习惯了快餐式阅读，看到大段的文字就会感到头疼。即使是阅读，也很难完整地读完一篇长文，更别说是读广告了。软文要写得简短明了，用词精准，让读者能够迅速理解全部内容。如果一定要写一篇很长的软文，需要将整篇内容合理地划分为起、承、转、合的结构，每个部分都要紧密相连，条理清晰。

（4）正文内容要满足消费者的欲望和诉求。在撰写爆品软文时，需要关注市场上的热点，抓住目标受众对产品最关注的要点，并了解消费者容易接受的传播方式。根据消费者的欲望和诉求，写出能够迎合消费者心理的精品软文。

# 第八章
## 拓展客户：拥有生命之源，才能有所发展

任何形式的商业活动，基本是围绕客户而展开。客户是企业的生命之源，如果缺少客户，企业就无法生存下去。因此，商业的本质就是为客户提供服务，把客户放在第一位。如何拓展客户，增加业务量，是每位管理者及销售人员必须面对的问题。

## 用专业性的语言赢得客户的信赖

美国销售大师乔·甘道夫曾说过一句名言："销售的98％是了解人性，2％是专业知识。"这句话的含义是，销售是一种处理人际关系的事业。但这并不意味着专业知识在实际销售过程中就无关紧要，事实上专业知识更应该是销售的根本。销售人员要掌握专业知识是毋庸置疑的。想象一下如果医药销售人员不清楚药物的作用及其副作用，又怎么能把药品卖给医院呢？事实上，客户的选择很大程度上取决于销售人员所提供的信息。如果销售人员不能提供充分的信息，客户就会从他们的竞争对手那里购买产品。如果销售人员不够专业，怎么能够成为客户眼中的专家和顾问呢？因此，销售产品之前，要先让自己成为专业人士，仔细地了解产品，熟悉服务流程，深刻掌握客户的心理和需求，才能成为客户心中可靠的消费顾问。这样的话，客户才会接受销售人员的建议，购买他的产品。

美国一家大型百货公司的海外采购员莱妮，是全球收入最高的雇员之一。她一年的收入达到50万美元，这还不包括她得到的额外奖金、股票分红。她的工作业绩在公司无人能及，而她也成为每个雇员心中的榜样。

谈到她如何取得成功时，该公司的一位高层管理人员说："我们公司更倾向于把莱妮小姐当成朋友而非雇员，因为她对工作、对自己的职业态度让我们每一个人都敬佩不已！她在我们公司已经20年了，当时她营养严重不足，体力不够，还有一些健康问题，但她第一天上班，就坚定地拒绝了我让她先休息一天的建议，然后和其他人一样参与了强度很高的员工培训。她从不迟到，认真对待同事和客户，努力适应新的工作理念，并且善于学习。我要说的是，她比任何一个人都更专业，我也不例外！"

"专业"与"职业"紧密相连，如果你能拥有莱妮小姐那样的工作态度，有什么理由成不了最优秀的销售人员？其实变成一个熟悉产品的工作人员并不难，只要记忆好就可以了。但要想成为一名真正的职业销售高手，你要做的不只是了解产品和客户，还包括认识自己，克服自己的不足。

不过，"专业"也不能滥用。哪怕是销售方面的专家，在向客户介绍产品时，也不能随便就滔滔不绝，而是简单明了，平铺直叙，让客户不仅能听懂，也能理解其中的意思。

有一家空调厂新研发了一款节能空调，可以比一般的空调省下30%的电力。一天，空调厂的销售人员张松在给一位客户做产品展示，客户发现这款空调的安装高度要比一般的空调高一点，就说："这样不行啊，先生，我家空调安装留出的位置不合适这款产品，如果再改安装高度，就太费事了。"

"这个……你们……"

张松很尴尬，他从未想过空调安装时要注意的问题，他总觉得那是产品卖出以后的事，跟他没关系，所以他也不愿去学习这方面的知识。现在却因为对专业知识的忽视而造成了销售的失败。

张松的处境表明了专业知识的重要性。对销售人员来说，成功源于对专业知识的掌握，良好的开始是成功的一半，对专业知识掌握不充分就会失去机会，就像上战场没带武器一样，必定遭受失败。

销售高手和普通的销售人员，90%的工作都相似，但最终在业绩上却有很大差别，通常是因为剩下的10%的工作不同而导致的。销售高手那与众不同的10%的工作就是所谓的专业知识。

销售人员要想把产品卖出去，就要明白客户的需求心理，激发客户的需求欲望，引领客户做出购买的决定，并向客户提供服务。因此，销售人员必须掌握产品的专业知识，用专业且通俗易懂的语言向客户解释产品能给客户带来什么好处，产品能满足客户哪些需求。只有拥有专业的语言知识，才能完美地回答客户提出的问题，从而消除客户的疑虑。所以，对于销售人员来说，要想在介绍产品时让客户信任你，就需要掌握熟练、专业、简洁的语言表达和技巧。具体来说，需要做到以下几个方面：

1.介绍产品前要做好各方面的准备工作

我们都有过这样的经历，在和某个陌生人聊天前，常常会因为紧张而语塞甚至说话不清。销售过程中也是这样，没有准备的销售活动往往会让销售人员显得慌乱、紧张甚至说话无序，这样不仅不能抓住重点地介绍产品，还会因为浪费客户的时间而招致客户的不满。

对于那些疑心比较大的客户，销售人员在专业语言方面的准备格外重要。因为这些客户为了证实自己选择的合理性，降低购买风险，经常会向销售人员提出各种问题。这时，简洁的专业语言就能发挥作用，能帮助销售人员在回答客户提问时给客户提供满意的答案，而优秀的销售技巧则能够让销售人员在销售过程中更高效地说服客户。

2.与销售目标无关的话尽量少说

销售人员在介绍产品的过程中千万不要为了和客户拉近关系而说一些不重要的话，这不仅会让时间白白消耗掉，而且还会让客户感到烦躁——客户的时间也是非常珍贵的。所以，产品介绍一定要紧密围绕自己的销售目标进行，才能在有限的时间内把产品的优点传递给客户。

3.修饰自己的专业语言

销售人员在销售时需要注意以下几点：

（1）语言专业，使用文明、规范的销售语言。比如："您好！我是北京瑞凯的小张，有一个非常好的消息要告诉您，现在跟您通话方便吗？感谢您能接听我的电话……"

（2）笑容可掬，使用熟练的语音、语速和语调。这是讲话过程中给客户的第一印象——信任感。提高客户在交流时的舒适感，愿意和你继续沟通。

此外，在介绍产品时还应注意，如果客户是个"外行人"，也就是对产品不太了解，要尽量使用简单的语言介绍，因为太多的专业术语会导致双方沟通困难。如果对方对产品比较熟悉，则应该适当地使用一些专业术语，才能让客户看出销售人员的专业水平。

## 现场演示，重点在于突出产品的亮点

能否迅速地让客户明白卖点对成交具有非常重要的作用。如果一款商品的卖点被挖掘出来，那么如何才能把卖点的价值最大化呢？答案就是把卖点塑造成亮点，并且在和客户互动时，让客户成为参与者。

很多经验丰富的销售人员都采用现场演示的方法。比如举行小型的推广会，由销售人员亲自生动地演说、展示产品。请客户现场试用，免费感受，从而唤起客户的购买欲。这就像杰弗里·吉特默在《销售红宝书》中写的："让我加入进来，您会让我自己说服自己。"所以，销售人员在展示产品时最好让客户主动地参与到销售的互动里，销售就会变得更简单。

某销售人员在销售一款新型吸尘器时，就采用了现场演示的方式。

当时，他在地上摆放了很多不同种类的杂物，有纸片、铁钉、碎玻璃等。他邀请几位台下的观众上台体验试用。一试用，很多在场的客户对这个外形设计普通的吸尘器的清洁能力都惊讶不已。当知道这吸尘器的清洁效果非常好，价格还很实惠时，于是纷纷下单。

活动现场的现货卖得火爆，并且借助着用户的互相推荐一举打开了当地的市场。就这样，一个展示的平台，帮那位销售人员赚到了7万元的订单，这远远超过了销售人员自己的预期。从此，他每到一个城市，每在一个经销点举行销售会，都会照搬此法，并都取得了良好的效果。

一个优秀的销售人员，应该尽力想办法，把产品的卖点塑造成亮点，让产品在众多品牌中能够突出，快速吸引客户的注意，并让客户有购买的欲望。

现场展示销售是一个很好展现产品卖点、亮点，吸引人气，迅速提升销售业绩的方法，为了达到更理想的销售效果，应注意以下几点：

1. 根据产品的功能进行演示

有些功能相对单一、操作也比较简单的产品，在现场展示时，只要快速把它的主要功能展现出来，把选择权留给客户，很快就能取得理想的效果。比如，卖防水手表，那么就可以直接在演示台上放一个大水缸，把手表放到水缸里面。这样的话，手表的防水功能就清楚可见了。

2. 现场销售的时间性

在现场销售会上，时间就是金钱。销售人员要知道商品的现场展示能够带来即时的销售效果。如果错过现场沟通的机会，等客户走了，再想成交就很难了。所以，"时间就是金钱"。销售人员在举行这样的产品推介会时，应该提前安排好时间，做好现场跟单的准备。

3. 现场演示的卖点要吸引眼球

如果只是展示产品的常规功能，比如刚才提到的防水手表，如果销售人员只是戴着它说可以看时间，相信有些客户可能会当场走人。这样的演示方式，会让客户认为产品本身没有什么亮点，基本上很难吸引他们的兴趣。比如吸尘器可以演示它吸铁钉、吸废水等，如此吸尘器的清洁能力就很容易表现出来。以产品本身的功能为卖点，结合实用性与创新性，很快就能成为全场的焦点，而在场的客户，若有需求的话，自然会很愿意付钱购买。

4. 演示要有趣味性

如果演示像是做工作报告，会让客户感觉到非常压抑。因此，适当地提高演示的趣味性，活跃现场气氛，对于刺激客户的购买欲望是很有效果的。因为只有在完全放松的状态下人们才会开心、聊得来。

5. 演示要主次分明

一款产品的特点可能有很多，销售人员可以在演示时突出重点，分清主次，对于那些客户不感兴趣的功能要简单带过。把客户真正关心的那些特点、重点打造成卖点、亮点。只有这样，才能让自己的产品更加符合客户的心理需求，也更有利于客户购买产品。

6.创造良好的气氛

叫卖是吸引人气、拉近与顾客距离的最佳方式。只要环境允许，就可以放开嗓子，让顾客感受到自己是推介会的主角。此外，还可以用一些装饰品来营造气氛，比如气球、贴画等饰物，甚至是产品的零件，都能让顾客快速地融入推介会的情境中。

7.现场演示要注意安全

现场演示时，安全要放第一位。如果事先安全方面做得不好，推介会中就可能发生意外，不仅会毁了气氛、流失客户，还会造成其他无法估量的损失。如果整个产品推介会事先准备不够，很可能招致客户的反感，甚至会损害品牌声誉。因此安全问题、会议活动流程的设计等都是不能含糊的事情。

## 循循善诱，让客户无法拒绝你

一位电子产品销售人员在推销产品时，与客户进行了这样一番对话：

销售人员："您孩子马上要上中学了吧？"

客户一愣，说："是啊。"

销售人员："中学是最需要进一步激发智力的时期，您是不是很想提升孩子的智力？"

客户："当然啊，可是还不知道怎样做才有效果。"

销售人员："我这里有一些游戏卡，对您孩子的智力提升非常有益。您可能认为给孩子买游戏卡会影响他的学习，对吧？"

客户："嗯，是这么想的。"

销售人员："我的这个游戏卡是专门为中学生打造的，它是一款数学、英语结合在一起的智力游戏，绝不是普通的游戏卡。"

客户开始动心。

销售人员继续说："现在是一个知识爆炸的时代，不再像我们以前那样只从书本上学知识了。现代的知识可以通过现代的方式学习。您不要以为游戏卡是害孩子的，游戏卡现在已经成了孩子重要的学习工具了。"

接着，销售人员从包里拿出一张游戏卡递给客户，说："这就是新式的游戏卡，来，咱们试试。"

果然，对方被吸引住了。

销售人员趁热打铁："现在的孩子真幸运，一出生就处在一个优越的环境中，家长为了孩子的全面发展，往往不惜一切。我去过的几家店都卖这种游戏卡，家长们都很高兴能有这样有助于孩子发展的产品，还期待以后能出现更多的系列产品呢！"

客户已经明显地动了购买的欲望。

销售人员："这种游戏卡是送给孩子的最好的礼物！孩子一定会开心的！您想不想要一张呢？"

结果，客户欣然地购买了几张游戏卡。

在这里，销售人员巧妙地运用了提问的技巧，一步步引导客户，从而激发了客户的购买欲望，使其产生拥有这种商品的冲动，推动并助力对方采取购买行动。

在销售的过程中，一定要做好以下几点：

1.设计好问题

所谓设计好问题，就是说要站在客户的角度去设想对方会有哪些"不满"或"需求"。要想好好设计"问题"，就要做到有发现、有发展和有选择地引导客户提出自己的"不满和需求"。这些提问应具有提示作用。经验丰富的推销员能很好地把握提问题的技巧，他们不会将太多时间花在对客户的基本情况的了解上，而是更多地了解他们的困难，多关心他们，让对方能充分地"发泄"。所以，推销能否成功，与推销人员是否能帮助客户解决困难也有很大的关系。

2.问清基本情况

问清基本情况即询问客户，了解与搜集对方的基本情况，比如是否曾经购买过类似的产品、使用的感受如何、是否了解这类产品、购买这类产品的主要诉求是什么等。提这类问题是为自己搜集在制定销售策略时所需的基本资料信息。

由于问清"基本情况"可能会令对方不快，但又不能不做这项工作，所以必须掌握一定的提问技巧，尤其注意下面两点：

（1）要分散问题。不要把第一次见面的时机作为了解客户所有基本情况的唯一时机，要分开几次，最好能在对方不知不觉的情况下收集到自己所需的资料。

（2）要向对方进行必要说明。如果客户对此不明白，你要清楚告诉对方，你了解情况的目的就是想去协助他们解决难题，这样客户就不会拒绝与你沟通。

3.了解对方

没有沟通就没有销售。销售是为了达成购买行为而沟通的过程。沟通并不容易，哪怕是有着相似的背景与经历也是如此。就连相处了多年的夫妻有时也会产生误会，更不用说是销售了！因此，不熟悉的人之间出现沟通困难也很正常。无论你说啥，对方总会与你有不同的理解。所以，要先了解对方再提问。

4.巧妙运用提问法

（1）询问法。这种问法能获取很多信息。

"你有没有时间看看我们的新产品？"

"你认为这样说合理吗？"

"我们做了一个研究，你想知道结果吗？"

"你知道我们安排了一位设计师和你们的工程师一起工作吗？"

……

（2）直接问答法。如果客户态度冷淡，对你的销售不感兴趣或是优柔寡断，直接提问是最好的方法。比如说，当你问客户喜欢黄色还是绿色时，他只能回答"黄色"、"绿色"或者"都不喜欢"。如果回答"都不喜欢"，那就再问理由，并尽量消除对方的顾虑。

（3）引申法。引申法是一种通过提出与主题相关的问题，来促使对方思考原因、目的、后果等方面的提问方法。例如，你可以问："签个两年的合约你觉得怎么样？"这样的问题可以让对方考虑自己的需求、利益、风险等因素，从而引出更多的信息和观点。

（4）迂回曲折法。迂回曲折法是一种从侧面或间接地提出问题，来避免对方的抵触或拒绝的提问方法。例如，你可以问："你对这个行业有什么看法？""你认为这个产品有什么优势和劣势？"这样的问题可以让对方感觉你是在征求他的意见或建议，而不是在逼迫他做出决定或承诺。

## 主动提出疑虑，给客户吃下"定心丸"

在销售过程中，客户难免会有各种各样的担心和顾虑，这往往是影响成交的最大因素。其实这也是可以理解的，有些销售人员为了充分展示产品，总是只说好话不说坏话。比如，把产品夸大得近乎完美，并故意遮掩产品或服务的不足；交货日期实际需要30天，却说只要3天；所销售的电脑实际辐射较大，却说此电脑的辐射是同类产品里最小的。即使销售人员这样说，也不一定会赢得客户的信任，客户早晚会发现这些"花招"，反而给销售带来更大的困难。事实上，客户的一些担心完全可以避免。比如，主动指出产品的某些不太重要的缺点，主动提出客户的担心并予以解释。这样反而会使客户对销售人员产生信赖。

小齐是一名供暖设备的销售人员。一次，他要把一批供暖设备卖给某假日酒店，客户对他的产品很感兴趣，但到最后，却没有如期待中那样顺利成交。小齐明白问题是出在价格上，于是他主动提出："王总，我理解，可能您觉得我们的产品贵了点，这一点我也认可。但在刚才我给您展示产品的过程中，您也看到了，我们的设备完全是一套节能环保型设备，甚至可以变废为宝，这是其他任何供暖设备所不能做到的，也会为贵酒店带来很多可观的收益……"小齐说完后，对方连连点头，最后顺利签了约。

在这则销售案例中，小齐能成功说服客户购买，是因为他主动解释产品"贵"的原因，消除了客户"买贵了"的顾虑，促成了交易。

在实际销售中，有些销售人员以为，产品的具体情况越少让客户知道越好，甚至觉得有时候撒谎是"聪明"的，是自己口才好的表现，因为客户相信了自己的话。但是客户使用产品的过程中总会发现问题，一旦发现了，就不会再信任销售人员。

所以，每个销售人员都应该知道诚信是维护良好客户关系的基础，只有用诚信和真诚的态度去与客户沟通，才能赢得更多客户，销售工作才能更顺利地进行。那么，在销售中为了避免客户疑虑过多，该如何获得客户的信任呢？

1.让客户主动说"是"，并承认产品的优点

销售过程中最有效的销售技巧就是让客户自己认可产品的优势、服务的质量等，让客户在拒绝之前先说"是"，就能有效降低客户的抵触心理。比如，你可以对客户说："××先生，您肯定知道我们的产品一直比A公司的产品价位更低一些吧？"

当然，销售人员在让客户确认某些产品优点时，必须真实可信并对现场情况有充分的把握，不能让客户找出破绽。

2."晾"出不足，让客户感受到自己的诚实

一家医院和一个药厂合作多年，却突然决定不再采购药厂的产品。原来，药厂的一位销售人员到医院去给医生推荐一种治风湿的药，他对那位医生说："张医生，只要用了这种药，保证你们医院所有的风湿病人都能痊愈。"

医生听了很气愤，说："你真会吹牛。把我当白痴啊，风湿病是没法根治的，以后我们医院再也不买你们厂的药了，你快走吧！"销售人员只好悻悻地走了。

案例中，销售人员的错误很明显，没有客观、真实地介绍产品功效，反而言过其实。而他忽略的是，和自己合作的是医院，医生对药品的性能和功效都有一定的认识，况且他犯的还是常识性错误，自然会招致客户的反感，销售失败也在意料之中。相反，如果这个销售人员能够如实地说明药物的作用，比如："张医生，我们通过大量的实验发现，这种药物对绝大多数的风湿病症状都能起到有效缓解作用。这里有一份报告，您可以参考一下。"或许这位医生还可以考虑一下。

在实际的销售过程中，我们可能常常对一些销售冠军的做法感到疑惑：为什么他们会主动向客户透露一些产品的缺点？这样做不是等于放弃生意吗？其实，并非如此，这些销售冠军的做法是正确的。因为任何一个客户都知道，没有产品是完美无瑕的。如果只顾着说产品的优势，而隐瞒产品的不足，反而会引起客户更多的怀疑甚至反感，"主动坦白"则会消除客户的怀疑。

所以，每一个销售人员都应该明白：诚信是保持友好客户关系的根本，只有以诚信的态度去与客户打交道，才能拥有更多客户，销售工作才能更好地进行下去。

3.巧妙地告诉客户产品的真实情况

给客户吃定心丸，告诉客户某些产品的不足和缺点也是有技巧的。告诉客户产品的真实情况，并不是说要把产品的问题一一列举在客户面前。如果销售人员轻易地将产品的某些缺点透露给客户，客户可能会因为无法接受这些缺点而拒绝购买。反之，如果销售人员掌握一定的技巧，不仅可以赢得客户的信任，还可以更有效地说服客户，让客户产生更加积极的反馈。比如，销售人员可以转移注意力，告诉客户产品其他方面的优势。很多时候，当销售人员运用恰当的技巧诚实地说明情况时，客户不但不会生气，反而会被销售人员的真诚所感动。

总之，销售人员还必须明白，真正的销售技巧就是要让客户信任你。为此，销售人员有时候就可以主动给客户吃下安心丸，主动告诉客户某些产品的真实情况，这样就会得到客户的信赖，避免客户犹豫不决。

## 让需要"再考虑一下"的客户有紧迫感

在销售过程中，有时候销售人员再怎么热心地推荐产品，客户却一脸冷漠，他们经常会对销售人员说"再考虑一下"。其实，这只是他们习惯性拒绝的理由。面对这种情况，销售工作应该如何继续呢？客户缺乏强烈的购买意愿，是因为没有感受到紧迫感。这时候，当常规的销售方法失效的时候，销售人员可以主动出击，为客户制造一些难题，从而让客户自己意识到购买产品的必要性。具体可以这样做：

1.暗示客户如果不购买可能会造成某种利益上的损失

小刘是生产设备的销售，他有个"顽固型"老客户。这位客户工厂里的机器已经陈旧得快要报废了，但他就是不肯换新的，小刘再三劝说更新设备的好处，他就是不听。没办法的小刘决定亲自去客户工厂看看。

小刘来到工厂，经理带他参观了生产区。他瞧着那些旧机器，突然对经理说："您了解隔壁工厂这个月的生产情况吗？"

经理："我清楚，我也一直为此感到困惑，以前我们两家的生产量相当，但最近不知怎么回事，他们的生产量飞速增长。"

小刘："其实道理很简单，就是他们采购了我们公司新开发的××牌生产设备，生产效率大幅提高。事实上，不只是他们一家工厂，全市绝大多数同行业的工厂都采购了我们的设备，我想汪总您也不愿意自己落后吧！"

经理很尴尬，接着，在跟小刘的交流中他陷入思考。最后，当小刘准备离开时，他主动提出想换一套新的生产设备。

在这个销售案例里，销售人员小刘能让固执的客户最后决定买新的生产设备，是因为他用对比的方法，让客户意识到如果不购买新设备，就会比同行和竞争者落后，迫使客户心理失衡，感觉不买可能会损害自己的利益。

创造客户的需求，让客户认识到产品的优势，是销售过程中的必杀技。对于那些对产品没有购买的欲望，想要再考虑一下的客户，销售人员也要积极争取，用最有效的方式打动客户，激发客户的购买欲，利用"问题制造法"一举拿下，从而保证销售工作顺利完成。

为此，可以这样引导他们：

销售人员："杨总，不瞒您说，我很熟悉贵公司的产品需要的设备，你们采用的是传统工艺，需要的是一些老式的高品质设备，而这批是我们厂最后一批顶级的老式设备，我们现在生产的所有设备都采用了新的工艺和技术，像这样老式的高品质设备可就是最后一批了，而且价格十分优惠，如果贵厂不赶快行动，说不定哪个厂家就拿走了。您看，您这周是周四还是周五晚上有空，我们约个时间谈谈吧。"

没有人会坐视自己吃亏而无动于衷。销售人员只需要让客户知道，轻易拒绝会带来巨大的损失。这时候，客户通常会在心里衡量，他们宁可放弃某种收益也不愿失去现有利益，这样他们就会因为顾虑而接受销售人员的建议，以消除内心的不安。因此，只要销售人员能主动出击，为客户制造一些可能会面临的难题，控制销售的主动权，客户一般都会马上成交。

2.让客户知道自己的既得利益可能受到"威胁"

销售人员："郭总，您经营这么大的娱乐城，一定很不易，其实娱乐城是安全风险最高的地方，由于人员复杂，难免发生一些争执打斗的事情，公司或多或少也遭到了一些利益上的损害。所以，我建议您了解一下我们针对这种情况的保险业务。您看，您是明天晚上还是后天晚上有空，我去和您详细谈谈？"

再如：

销售人员："张先生，我最近做了一个市场调查，C公司的产品最近在市场上的份额已经增长了20％，规模可是超过了您啊。当初，它只不过是您旗下的一个分公司，可您知道吗，他们的优势在哪？他们的运输方式是国内最先进的，而这种运输方式，正是我们提供的……"

当今社会，无论哪个行业，竞争都异常激烈。为了取得竞争的优势地位，很多企业或商家都在随时关注自己是否有商业隐患或者潜在的"威胁"。聪明的销售人员不妨利用客户的这一心理，在与客户沟通的时候，可以为客户分析并提醒他们，让他们明白自己的利益会受到"威胁"，这种"威胁"不容忽视。这样的话，客户就可能答应同销售人员好好沟通，并促成交易。

当然，这些只是企业或者个人的利益遭到"威胁"的情况。销售人员还可以从一些附加值利益，比如企业形象上刺激客户。但在刺激客户之前，销售人员一定要了解客户的相关情况，否则很容易因不熟悉而陷入尴尬之中。

3.为客户考虑

在实际销售中，很多销售人员只为销售而销售。而客户认为成交对自己有利，才会下单。所以，销售人员要更多地站在客户的立场上考虑问题，要让客户明白你是在诚心诚意为他考虑。

总而言之，销售人员要随机应变，灵活运用"制造问题法"。

## 满足客户的虚荣心

如果销售人员迎合客户的虚荣心说一些恭维话，对方往往会心情舒畅，继而对所谈的话题感兴趣，愿意继续交谈，并逐渐地消除防备心和敌意，生意就容易成交。

美国富豪威廉姆斯打算在洛加斯达市建造"威廉姆斯"音乐厅和"凯伯恩"剧场，以纪念他敬爱的母亲。纽约辛纳格座椅厂的老板，也就是后来成名的商人罗梅罗，想要拿到该剧场座椅的订单，于是他便和威廉姆斯约好见面。

见面后作自我介绍时，罗梅罗便诚恳且自然地说道："威廉姆斯先生，当我在外面等你的时候，我很嫉妒你的办公室，如果我有这样的办公室，我在里面工作一定也会很开心。说实话，我从来没有见过像你这样豪华漂亮的办公室。"

威廉姆斯听后，显得很开心，说："你让我想起一件差点忘了的事。这间办公室的确很漂亮。当初刚装修好后，我确实很喜欢，但是现在，事情太多忙得我几乎没机会看它一眼。"

罗梅罗在办公室内一边听一边走动，并用手抚摸着壁板，说道："这是英国橡木做的，是吗？和意大利橡木有点不一样。"

"对，那是从英国运来的橡木。我还好，稍微懂一些木料的优劣，这些木料都是我亲自挑选的。"威廉姆斯回答道。

然后，威廉姆斯带着罗梅罗参观房间布局、油漆色彩及雕刻图纹等。不知不觉，威廉姆斯走到窗边停下脚步，表示要捐赠洛加斯达大学和市立医院等机构一些钱，以表达自己的心意，罗梅罗在一旁不失时机地夸奖他的慈善行为。接着，威廉姆斯打开一个玻璃盒，拿出以前买的一台摄影机，告诉罗梅罗：这是从一位英国发明家手中买来的。罗梅罗同样以赞赏的方式夸奖威廉姆斯。

罗梅罗从上午十点一刻走进威廉姆斯的办公室，直到中午他们还在侃侃而谈。最后威廉姆斯对罗梅罗说："上回我去日本，在那里买回几把椅子。我把它们放在阳台上，时间一长阳光就把漆给晒掉了，我就到商店里买了油漆，自己动手漆那几张椅子，你想看看我油漆的效果吗？"

"非常乐意，"罗梅罗答道。

"好极了，那就跟我到楼下吃午饭吧，然后我再带你看。"

吃完饭，威廉姆斯把从日本带回来的椅子给罗梅罗看。那椅子每张的价值仅有10美元，威廉姆斯却非常满意，因为那是他自己动手油漆的……结果，罗梅罗拿到了10万美元的合同。

罗梅罗从威廉姆斯最感兴趣的话题入手，逐渐地谈到对方的自豪之处。尽管这些自豪之处对威廉姆斯而言，根本不是什么了不起的事，但由于罗梅罗给予适当的赞扬，就收到了不错的效果。威廉姆斯一开心，便在自我陶醉中签了成交合同。

"人人都有虚荣心，虚荣引来奉承。没有人不爱听人奉承，世界上最甜蜜动人的语言就是奉承话。说奉承话，别人听了高兴，自己也不失身份。"罗梅罗透露了他屡试不爽的秘密武器。

人们或多或少都有虚荣心。作为销售，一定要满足客户的虚荣心，必要时再制造竞争的氛围，不觉间就会将产品卖出去。那么，满足客户的虚荣心具体该如何做呢？

1.把握好时机，激起对方的虚荣心

要想成为一名出色的销售人员，就得巧妙运用人的攀比心理。如销售某一商品时，就说："虽然不便告诉你名字，但是某一家大富豪的夫人已经签了合同。"

"说实话，价格偏高，但邻居家的女士还是毫不犹豫地买下了。"

......

以此来引导客户下单。

2.使客户陶醉于恭维话

什么是恭维话呢？就是赞美的话。或以文雅的语气说出华美的语言，或用较短的语言给予对方满足感，或令其产生兴趣的内容。另外，恭维话的意思必须立刻能被对方所理解。

从某种意义上说，谁都爱听恭维话。这可能是出于人的本性吧！女性在这一方面表现得更为明显，因为她们通常经不起"恭维话"的"攻击"。

3.奉承要有分寸、有依据

作为销售人员，只要多加注意，总能够在客户身上发现某些值得称赞的地方。虽说世人都爱奉承，但说奉承话却要掌握适当的分寸，既不陷于谄媚，又不伤害人格，这才是讨人喜欢的法宝。无论是谁，当被人奉承时都是快乐的。奉承必须"有据可依"，理由充足。毫无依据地奉承，不仅会让他人感到困惑，还会觉得你油嘴滑舌，进而引起他对你的警惕。

## 寻找和留住潜在客户

企业要想持续地发展，就要持续地开发潜在客户。开发潜在客户，首先要确定目标客户群，搞清楚哪一部分人群是潜在客户。这样，可以有效地把潜在客户变成有效的客流。通常来说，潜在客户可以分为三类：对产品或服务不了解的人群、对产品或服务有兴趣却没钱购买的人群、产品或服务不能满足其需求的人群。

销售人员首先要找到潜在客户，然后要设法吸引潜在客户，从而有效地销售出产品或服务。

1.寻找潜在客户

如何寻找潜在客户呢？以下一些方法可供参考：

（1）通过交流开发潜在客户。在与潜在客户交流时，要注意说话的声音、语气等。

（2）通过展览、讲座等社交场合开发潜在客户。在一些社交场合，销售人员要多和他人聊天，并且多送一些名片，要让潜在客户清楚你是做什么的，也许对方日后有需要时会找你。

（3）再次开发客户。再次开发主要分两种情况：第一，在老客户购买了某种产品或服务的基础上，再向其销售其他的产品；第二，在建立了一定的客户基础之后，如果你的人品、你的产品或服务让客户很满意的话，可以让客户把你介绍给他熟悉的人。

（4）名人效应。邀请名人或各界权威人士在一定群体范围内宣传你的产品或服务。例如，如果你与某公司的CEO关系很好，那么你就可以通过他向他们公司的职员推广产品或服务。

2.留住潜在客户

找到潜在客户之后，需要设法留住这些潜在客户。下面介绍了一些留住潜在客户的具体方法：

（1）充分了解潜在客户的个人信息，以便为对方提供高质的服务；

（2）采用合适的方式与客户交流，要诚恳、亲切，给客户留下好印象；

（3）在工作的同时，要持续地提高自己，不断学习。

想留住老客户，同时还想开发出许多潜在客户，可以参考乔·吉拉德的"七定律"。无论你从事什么销售工作，这七个定律都可以发挥作用。

1.250定律——不得罪一个客户

在每位客户的身边，大概都有250个人，这些人与客户的关系比较密切，是客户的同事、邻居、亲戚、朋友等。一个销售人员，如果赢得一位客户的好感，就意味着赢得了250个人的好感；反之，如果得罪一位客户，也就意味着得罪250个顾客。因此，在任何情况下，都不要随便得罪一位客户。这就是乔·吉拉德的"250定律"。

2.名片满天飞——不放过每一次机会

乔·吉拉德会四处发放名片。乔·吉拉德认为，每位销售人员都应该设法让更多的人了解自己是做什么的，销售的是什么产品或服务。通过发放名片这种方式，可以让别人知道自己是谁、是干什么的。这样可以获取更多的机会。

3.建立客户档案——多了解客户

如果想得到客户的好感和信任，就要多了解客户，收集客户的相关资料。

刚工作时，乔·吉拉德把收集到的客户资料写在纸上，放进抽屉里。后来，他逐渐认识到建立客户档案的重要性，在买了笔记本和卡片档案夹后，把以前写在纸上的资料做成记录，建立了客户档案。

乔·吉拉德说："在建立卡片档案时，要记录下与客户以及潜在客户的全部资料，包括他们的年龄、学历、职务、成绩、文化背景、孩子、爱好、旅行地以及其他任何与他们有关的事情，这些资料能使你有效地跟客户进行沟通……"

4.猎犬计划——让客户辅助你寻找潜在客户

乔·吉拉德曾说过一句话："买我车的人都会帮我推荐。"他会在新车成交后给客户一些名片和"猎犬计划"的介绍。如果客户能帮他卖出一辆车，他会给客户25美元的提成。1976年，"猎犬计划"给乔·吉拉德带来了150笔订单。

5.推销产品的"魅力"——让产品或服务吸引客户

乔·吉拉德擅长抓住产品的特色，让客户感受到它的魅力。在他与客户沟通时，总会想办法让客户感受新车的魅力。他让客户坐进车内，握住方向盘，亲自驾驶。

如果客户住得近，乔·吉拉德会建议他把车开回家，向他的家人炫耀一番，然后他就会沉浸在新车的魅力中无法自拔。乔·吉拉德发现，只要客户坐进汽车，开上一会儿，基本上都会下定决心买车。即使当时不买，过几天或过一段时间也会买。新车的魅力在客户的心中，让客户难以割舍。

一般而言，客户出于好奇，喜欢亲自尝试、接触或操作。无论你销售的是什么，都要尽可能展示你的产品或服务，并让客户参与进来。如果能够刺激客户的感官，就能够促进客户购买产品或服务。

6.诚信——销售的最佳策略

诚信是销售的最佳法宝。对于销售人员而言，在销售的过程中，一定要诚信。因为客户事后可以核实很多事情，比如你卖给客户一辆六缸的车，就不要谎称他买的车有八缸。

7.每月一张贺卡——真正的销售始于售后

销售是一个循环的过程，一单交易的成功意味着本次销售结束了，同时也意味着下次销售的开始。在一单交易成功之后，如果持续关注客户，将会留住老客户，还能拓展新客户。这样，生意就会越来越红火，客户也会越来越多。

每个月，乔·吉拉德会给他的1万多名客户送去一张祝福卡片。凡是在乔·吉拉德那里买了汽车并收到祝福卡片的人，都记得他。

# 第九章
## 盈利设计：在新的商业模式下获取利润

任何形式的商业行为，其核心都是盈利。也就是说，当外部环境发生变化后，企业首先要调整赚钱方式，才能适应当前的发展。这就要求企业管理者不能紧紧抓住过去的赚钱方式，而是需要改变思维，让市场环境、盈利模式、管理模式保持平衡，才能实现财富的持续增长。

## 利用"洋葱圈模式"，找到"财富抓手"

有两个鞋厂的销售代表，我们分别称他们为A和B。他们分别前往一座岛屿，目的是调查当地的鞋子市场。他们发现生活在岛上的人们世世代代都赤裸着双脚，从来没有穿过鞋子。A感到非常失望，然而B却认为这是一个巨大的商机。

B是怎么做的呢？B在岛上进行调研，结果发现部落酋长在整个部落中拥有最大的影响力。于是，他决定给部落酋长和他的家人每个人送一双非常漂亮的鞋子。但是他有一个要求，就是每次部落酋长主持部落大会时，必须穿上他所赠送的鞋子。所以，每当部落举行大会时，都能看到酋长穿着一双漂亮的鞋子。渐渐地，岛上的每一个人都喜欢上了穿鞋子。最终，B在岛上成功地将大量鞋子销售了出去，并且赚取了丰厚的利润。

其实，B赚钱的方法非常简单。首先通过"免费"的方式打动部落酋长，利用酋长的影响力，让整个部落的居民都购买鞋子。这样一来，B就能从部落居民那里赚到钱。这个模式，又称为"洋葱圈模式"。

洋葱圈的内层是那些在消费领域具有影响力的人，被称为"消费意见领袖"，他们的消费价值观对广大消费者可以产生重要的影响。比如，很多粉丝会选择购买他们喜欢的明星经常穿的衣服、戴的珠宝首饰甚至使用的洗发水的品牌。对于粉丝而言，他们所喜欢的明星就是他们在购物和消费方面的引导者和意见领袖。厂商需要做的就是积极寻找消费意见领袖，让他们成为自己的"财富抓手"。通过消费意见领袖试用或广告，来向其他人推荐产品，这样就能帮商家盈利。对于消费者而言，是否购买某个产品以及选择哪个品牌，很大程度上会受消费意见领袖的影响。

饲料行业的门槛相对较低，这意味着很多人都可以进入这个行业。据统计，全国范围内有两三万家饲料企业。大家都陷入价格战和促销战的泥淖中，行业竞争变得越来越激烈，导致利润逐渐下降。卖饲料的商家虽然很多，但都没有什么特别的卖点，养殖户则会随便挑选经销商。这样一来，客源一直处于不稳定的状态。名牌产品的价格公开透明，意味着不会通过高价赚取利润。而杂牌产品则存在较高的风险，因为它们的质量和信誉无法得到广泛认可，也无法通过高价赚取利润。在这种情况下，饲料企业AB公司应该如何创造市场，以确保企业能够持续盈利呢？

"洋葱圈模式"是一个非常好的商业模式，可以帮助商家在市场上获得利润。如果想在竞争中取得胜利，就必须找到那些具有影响力的意见领袖。仔细分析一下，到底是谁在消费饲料，又有谁是在这个领域中具有影响力呢？可以将购买饲料的养殖户分为两类：一类是规模较大的养殖大户；另一类是规模较小的散户。这样就很容易得出结论：养殖大户就像是意见领袖，他们在养殖行业中具有重要的影响力；而散户则代表着广大的消费群体，他们是养殖行业中的普通大众。当然啦，从事养殖的过程中，散户经常会模仿养殖大户的养殖方法。然而，与养殖大户对饲料的大量需求相比，散户的需求量显然微乎其微。可以说，养殖大户才是企业盈利的主要力量。AB饲料企业为了更好地了解他们的需求，需要寻找养殖大户中的消费意见领袖。到底是谁在影响养殖大户的购买选择和购买决策呢？难道是那些购买猪肉的人吗？可是养殖大户并没有直接将猪肉卖给老百姓。要回答这个问题，需要回到养殖户的生意场景中。

AB饲料企业咨询项目组决定亲自深入养猪场去了解情况。市场调查发现，养殖大户非常关注两个具体问题。首先，他们希望能够找到一个好的销路，以便能够以较高的价格出售他们养殖的猪。其次，他们希望养殖的猪不会生病，能够健康地成长，直到最终将其售出。按照这个思路，咨询项目组找到了两个人群，分别是猪贩子和兽医。养殖户们最害怕的就是猪生病，当猪生病时，必须寻求兽医的帮助。因此，兽医会告诉养殖户应该给猪吃什么饲料才能保证它们的健康。这样一来，养殖户自然而然地对兽医的建议更加信任。此外，养殖户们还需要与猪贩子建立良好的关系，以确保他们的猪能够顺利销售出去。

找到那些在养殖业中对于饲料消费有着重要影响的人——兽医和猪贩子后，下一步就是满足他们的需求，即洋葱圈模式中的满足消费意见领袖的需求，通过他们的推荐来实现产品盈利。调研后发现，江湖兽医最迫切的需求是职业资格证书。于是，AB饲料企业决定在乡镇上建立AB兽医天使站。他们还与专业机构合作，为兽医天使站的兽医们提供认证服务，确保他们获得职业资格从业证书。兽医的问题解决了，还需要关注猪贩子的情况。经过调研，发现在乡村里从事猪贩子工作的大部分是一些小伙子，他们没有固定工作，经常游手好闲。当地姑娘认为猪贩子这个职业非常低贱，缺乏社会地位，不愿意嫁给他们。换句话说，猪贩子能赚到一些钱，但由于这样的身份，很难讨到媳妇。AB饲料企业知道了他们的需求后，向他们发聘书，将这些猪贩子正式聘请为公司的员工，还给他们起了一个更加好听的职位名称——"收购专员"，这样就满足了他们对身份地位的需求。AB饲料企业整合了许多兽医和猪贩子，通过兽医和猪贩子的推介，最终占领了养殖大户和散户群体的消费市场，从而在激烈的竞争环境中获得了盈利。

鞋子销售代表B采用洋葱圈模式，从而获得了全新的商机；AB饲料企业采用洋葱圈模式，在激烈的竞争中脱颖而出，取得了持续的盈利。这就是洋葱圈模式的优势，企业在销售产品时，也可以采取这样的盈利模式。

## 逆向定价模式，在激烈的竞争中赚取利润

在竞争激烈的市场中，企业面临着巨大的压力。为了在这种环境中生存下来，企业需要采用逆向思维的方法来洞察那些能够快速获利，并且具有迅速传播能力的盈利模式。只有通过这种方式，才能实现自身盈利模式的转型，并在竞争中脱颖而出。如何以一种逆向思维的方式来洞察现有的商业行为，从而制造疯狂的盈利模式呢？企业通常习惯让顾客购买产品和服务来实现盈利，比如开设实体店、建立网站或者提供培训。但是，有没有可能让那些没有购买产品和服务的顾客来支付费用，而让那些购买产品和服务的顾客享受免费呢？

据美国《波士顿环球报》报道，有个新的定价模式非常有趣。这个模式是由华裔年轻创业家张怡芳创立的健身中心盈利模式，称为"Gym-Pact"，中文翻译为"健身合约"。这个Gym-Pact非常棒！如果你想健身，可以免费加入，并且免费使用健身房提供的各种健身设施。健身中心和顾客之间有一个约定，就是每周都要按照约定的时间来健身。如果顾客没有按照约定的时间来健身，就需要支付一定的费用。换句话说，你看到在健身房里锻炼的那些人，并没有支付费用；相反，那些你没有看到的人却在支付费用。当顾客签约时，不需要支付任何费用，但是Gym-Pact会要求你提供信用卡号作为保证。如果一个星期没有按照原定的运动日期来健身，Gym-Pact就会收取25美元的费用。如果完全不再使用，Gym-Pact会收取75美元的费用。更有趣的是，张怡芳根本不需要亲自开设健身房。她只需要与一些健身房进行合作。

Gym-Pact通过这种独特的定价方式取得了成功，我们将其称为"逆向定价盈利模式"。

"逆向定价盈利模式"的成功实施需要满足以下两个条件：

1.企业的产品或服务要具备一个价值的号召主题

Gym-Pact的目标是帮助每个人约束自己，让大家更加专注于健身。生活中经常会听到一些人信心满满地说要健身，但实际情况是，在健身过程中，很多人却很难坚持下去。所以，Gym-Pact努力说服每个人："嘿，来试试我们的免费健身房吧！只有当你没有按时来时，才需要支付费用。"创业家张怡芳非常自信，因为她从哈佛经济学教授那里学到，人们对于哪种事情最容易有动力。虽然未来的梦想（变瘦、变得更健康）会让人很有动力，但人们面对立刻能得到的好处会更有动力。所以，Gym-Pact的模式不会被人说成是在欺骗用户，因为肯定会有一些客户真的开始每天运动、每天享受免费的运动！

2.消费者获得价值需要克服一些阻碍条件

Gym-Pact一开始就打乱了市场的价格，由于一开始免费（或者是二三折的低价），所以这些用户几乎是想都不想，就直接签约了。问题是Gym-Pact能赚钱吗？通常认为，如果这些参加健身的顾客都遵守合约的规定，那么Gym-Pact肯定就赚不到钱了。采用逆向定价的Gym-Pact模式可以扣的最大额度，应该要比一般正向收费的健身房高还是低呢？答案是高！如果原本一个月健身只要30美元，Gym-Pact可以大胆地让没遵守或提前结束的客户付75美元，而这些客户还都愿意接受，因为他们都太相信自己，相信自己一定不会被罚，一定能继续享受这个美好的免费健身机会。但是对于那些懒惰的人来说，实在难以遵守。事实上，逆向定价最后获得的盈利比正向定价还高，Gym-Pact正是通过设置了一定的条件和要求（每周三次），利用人们的懒惰心理，从而获得利润。

这样看来，Gym-Pact的盈利模式真的太棒了。对于创业者来说，Gym-Pact提供了一种完全不同的选择。通常，人们在做生意时，会尽力给潜在客户提供一些具体的优惠方案，比如打折、降价、砍价，甚至是跳楼价，以吸引客户前来尝试。这位华裔创业家的想法真的很独特，她的策略是通过"免费"来吸引客户，因为她相信客户一定会遇到"问题"，然后放弃他们的福利，这样她就能赚钱了。客户无话可说，商家也高兴地赚钱。

好好想一想，有很多行业和企业可以利用逆向定价来赚钱，但必须确保满足前面提到的两个条件：价值和条件设置。比如健身对身体有益，往往因为懒惰而很难坚持下去，于是Gym-Pact这个创意应运而生。学习非常有益，传统模式通过收取会员费让学员登录网站学习的方式确实存在一些困难，为什么不考虑一种逆向定价的盈利模式呢？可以为学员免费，要求他们每天至少登录网站学习一个小时。如果某一天没达到一个小时的学习时间，就需要为这一天的行为付费。

通过逆向定价盈利模式，企业可以站在不同的角度重新审视自己赚钱的方式，并且在竞争激烈的环境中找到一条创新的突围路径。这样一来，就能够迅速打开市场。这种创新模式有可能完全改变企业一贯的做法，企业必须时刻关注消费趋势，并不断创新和改进自己的盈利方式。只有这样，企业才能保持长久的繁荣。

# 基因重组模式让"囧"产品焕发新商机

一家公司在招聘时出了一个有趣的问题：假设你是一名销售人员，你如何成功地将梳子卖给庙里，并且赚取利润呢？

"和尚没有头发，怎么可能用得上梳子呢？"很多人被这道题难住了，打了退堂鼓。可是，有一个人通过了面试，他这样回答道："和尚的确不需要梳子，但寺庙里除了和尚还有很多游客，可以把梳子卖给他们。因为这些游客来庙里，除了烧香外，很多人会顺便购买纪念品。我们可以与寺庙合作，把庙的名字刻在梳子的正面，在梳子的反面刻上三个字'积善梳'，再请方丈签名。这样一来，梳子就会成了珍贵的纪念品，就可以卖给游客，从而赚取利润了。"

这位应聘者之所以能通过面试，关键在于他重新定位了梳子的客户，他让产品从原本的梳头工具变成了珍贵的纪念品。如果把客户只定位为庙里的和尚，梳子在和尚面前就是一件很"囧"的产品。

木梳从实用工具成功转型，成为珍贵的礼品，这种盈利模式称为"基因重组"模式。在生物遗传学中，基因重组是决定生男孩和女孩的基本因素。具体来说，女性的性染色体组成是XX，男性的性染色体组成是XY。当女性的X染色体与男性的X染色体结合时，会形成XX染色体，这个XX染色体是女性的性染色体，当女性生下孩子时，这个孩子就是女孩；当女性的X染色体与男性的Y染色体结合时，会形成XY染色体，这个XY染色体是男性的性染色体，当女性生下孩子时，这个孩子就是男孩。

基因重组盈利模式也是如此，不同产品与不同客户进行组合，其盈利的方式是不一样的。这种模式通过对客户的重新定位（基因重组），进而改变产品的属性，从而实现盈利。实际上，市场上有很多产品面临"囧"途，无法赚到钱，即将走到产品生命周期的尽头。为了重新获利，这些产品必须通过"基因重组"的方式重新定位客户，并且实现产品自身的"基因转型"，以此来实现盈利。有很多例子可以说明产品通过基因重组模式获利。

比如说自行车，曾经是一种传统的代步工具。20世纪50年代，美国每年产销400万辆自行车，随着电动车和汽车的冲击，自行车的年产量下降到130万辆。自行车厂商决定改变策略，重新定位客户群，将它打造成一种健身休闲用品，以满足人们对健康生活的需求。为了实现这一目标，厂家增加了自行车的品种类型和花色，以迎合不同消费者的喜好。这一改变使自行车重新赢得市场的青睐。

麦氏速溶咖啡的初衷是为了提供一种方便快捷的咖啡体验，广告宣传主要强调速溶咖啡的便利性，以吸引那些已经成为中年人的家庭主妇（她们是购买者和调制者）。当时人们普遍认为调制咖啡是主妇们的家务技能之一，如果一个主妇选择购买速溶咖啡，会被视为懒惰的人。所以，大多数家庭主妇不愿意接受这个产品。不过，公司发现一个有趣的事实，速溶咖啡产品具有方便快捷的特点，正好符合办公室职员的需求。因此，公司决定重新定位客户群体，将重点放在为办公室职员提供咖啡产品上。当上班族喜欢上速溶咖啡后，渐渐地影响到家庭主妇。最终，这种产品也进入家庭消费市场。

基因重组模式要求企业不能只关注现有的客户。为什么呢？当环境发生变化时，产品有可能会被客户抛弃。所以，必须拓宽视野，寻找新的机会和潜在的客户。这样，即使发生变化，也能保持稳定并继续发展。可以通过不同方式来重新定位客户：

首先，可以根据地域来划分客户，看看是在本地区赚钱还是在外地赚钱。

其次，可以根据年龄来划分客户，看看是赚取老年人的钱还是年轻人的钱。

最后，还可以根据性别来划分客户，看看是赚男性的钱还是女性的钱。

在20世纪90年代初，海南岛成为改革开放的一个前沿阵地。当时，各路资金纷纷涌入海南岛，而其中大部分资金都选择了投资房地产。在经济高涨期，房子根本不用担心卖不出去的问题。然而，当经济调控期到来时，房地产市场泡沫破裂，炒房者们迅速离开。结果，很多开发商开发的房子在海南岛根本无法卖出去。一个香港公司开发的楼盘质量非常好，令人惊讶的是，即使以每平方米2200元的成本价，仍然无法找到买家。

业界人士采用基因重组盈利模式成功地将房子卖出去，从而赚取了可观的利润。他们是这样做的：

首先组建一个专门的项目公司。然后，这个项目公司与香港开发商进行协商，愿意以每平方米2500元的价格购买这个楼盘，前提是分5年来付款。

香港的开发商面临困境，不得不做出艰难的决定，与他们签署协议，退出海南岛的房地产市场。项目公司拿下楼盘后，找银行贷款，贷款金额是楼盘总价的三成。然后，用这笔贷款改造楼盘，将其打造成星级产权式酒店。有了产权式酒店后，不再只是卖房子了，而是卖酒店产权。这意味着不再将房子售给海南岛本地人，而是面向全国范围内的有钱人。项目公司决定将产权式酒店的价格定为每平方米5000元。

有些富有的内地人每年都想去海南岛度假，对拥有产权的酒店有着明确的需求。项目公司还承诺，如果购买产权式酒店，每年都可以享受一个月的免费住宿，并且还能享受星级服务。而其他11个月，酒店将对外营运，所产生的利润将以五五分成的方式分给顾客。

海南岛和内地之间有琼州海峡相隔，内地顾客想要到海南岛度假并不方便。为了真正吸引顾客，项目公司和海南某航空公司签订一份协议。根据这份协议，项目公司保证每售出1平方米的房子，将给予航空公司400元的回扣。作为一种交换，航空公司每年必须向购买产权式酒店的顾客提供几张免费机票，并且还要赋予顾客在未来30年内以半价购买该航空公司机票的特权。这家航空公司很多班次本来就有多余空座位，而且为了市场竞争，他们经常降低票价。因此，该航空公司非常愿意签署这个协议。

为了增加销售额并提高现金流，该项目公司在收取现金的同时还鼓励购房顾客选择按揭付款方式。如果顾客选择现金支付，项目公司会成功地收回现金；如果顾客选择按揭支付，他们可以用酒店的营运收入来还贷款。最终，这个项目公司所拥有的房子被全部卖掉。

基因重组模式是一个"山重水复疑无路，柳暗花明又一村"的盈利模式。通过基因重组模式的设计，将原本不受欢迎的产品改造成受欢迎的产品，并从中获得利润。它会让经营者豁然开朗，让"囧"产品成功逆袭。

## 微型分割模式，挖掘细分客户的价值

某塑料厂在小小的牙刷上大做文章。他们通过对国内外市场上的牙刷进行系统分析和研究后发现，我国的传统牙刷存在许多问题。其中最突出且最常见的问题是：牙刷的造型与口腔、牙齿不匹配，并且使用的尼龙丝过于硬而锋利。为了克服上述问题，他们从1990年初开始着手解决，首先研制出一种名为"磨毛"的牙刷。这种牙刷的刷毛非常温和，使用起来不会刺激牙龈和牙齿，给人一种舒适的感觉，深受牙科专家的好评和消费者的青睐。之后，他们还对牙刷头部的形状和刷毛的选择进行了改进。根据不同的性别、年龄、口型和牙型，精心设计出各种不同的牙刷形状。接着，还开发了近20种不同品种的磨毛牙刷，其中仅供儿童使用的就有三四种。在选择毛型时，还考虑到不同性别、年龄、口型和牙型的消费者的需求。后来，他们还创造了一种非常方便的牙刷，可以更换刷头。当刷头磨损后，只需替换成新的刷头，而刷柄则可以一直使用下去。围绕牙刷的改进，该厂不停地努力，不断推出新产品，经济效益也随之不断提高。

在这个故事中，塑料厂通过不断地细分顾客群体，并研发出各种不同的牙刷产品，以满足每个顾客的需求，从而实现盈利。

在行业发展的早期阶段，绝大多数客户所获得的是一种标准的产品。由于需求远远超过供给，无论厂家生产什么产品，都能够迅速售出。随着行业的发展越来越成熟，竞争变得越来越激烈。为了争夺市场份额，竞争对手不断降低价格，同时消费者的消费习惯也不断升级，对产品的了解也越来越深入。因此，需求也开始朝着不同的方向发展。如今，企业面临竞争越来越激烈和消费需求不断变化的双重挑战。为了更好地满足不同的客户群体，必须对产品进行改进。而客户获得的产品或服务，从最初的相似性逐渐转变为与众不同，最终达到独一无二的程度。通过将客户细分，并开发不同的产品来满足他们各自的需求，才能实现盈利。这种盈利模式被称为"微型分割模式"，它是斯莱沃斯基在《发现利润区》一书中提出的。

微型分割模式的核心是更加具体地细分客户群体，以便更好地挖掘出每个细分客户的价值。

可以用很多不同的方法来细分客户。比如，按照年龄，可以将客户分为儿童、青年人、中年人和老年人。按照性别，可以将客户分为男性和女性。按照职业，可以将客户分为自由职业者、白领、蓝领等。按照地域，可以将客户分为东方人、西方人、北方人和南方人等。还可以根据消费动机进行划分，比如购买白酒，有些人是自己饮用，有些人是投资，有些人是送礼。对于那些想自己饮用的顾客来说，他们非常关注酒的口味；对于那些想用来投资的顾客来说，他们更在意酒的品牌；而对于那些想送礼的顾客来说，他们则更注重酒的包装。企业可以根据他们的不同需求，来提供相应的产品。

五谷磨房敏锐地抓住现在社会对于"养生"的热衷，不仅满足了客户的需求，还将这种需求做到极致。五谷磨房的成功，首先在于它根据顾客的不同需求，研发出上百种养生配方。无论你是年轻人还是老年人，无论你是学生还是上班族，这些配方能满足每个人的"养生"需求，从而在每类人群的身上获取利润。当你去逛一些大型超市时，会看到一个非常有趣的场景：阿胶、红枣、核桃、黑芝麻等各种食品被整齐地摆放在货架上。而在它们旁边，有一台打磨机不停地转动着，发出一阵阵令人陶醉的清香。这里就是五谷磨房的现磨粉专柜。很多人会不由自主地被诱人的香味所吸引，然后走进五谷磨房，即使不打算购买，也会停下来，观察柜台上陈列的各种养生配方。根据不完全的统计，目前超市里的五谷磨房专柜数量已经超过一千家。

对于白领人群，五谷磨房推出"降脂健体"套餐，旨在改善他们的亚健康状态；对于学生群体，有"考生考前调理"套餐，以帮助他们在考试前保持良好的状态；对于儿童，提供了多种配方套餐，包括"补脑益智""均衡营养""开胃健脾""提高记忆力""锌铁钙同补"，旨在满足他们不同的营养需求；对于女士，有"防衰驻颜""纤体瘦身""美容养颜"套餐，以帮助她们保持健康和美丽；对于男士，推出了"补肾健身""乌发补发"套餐，以满足他们的特定需求；对于孕妇，有"安胎养胎"套餐，旨在提供适合孕妇的营养。此外，还提供适合幼儿、中老年人等各类人群的不同配方套餐。

可以说，每类人群都能在五谷磨房的配方套餐里面找到适合自己的。

五谷磨房通过细分每类顾客的特质，根据不同的需求研发出适合各类特质人群的产品，这种分割方法还考虑到顾客的年龄、职业以及购买动机等因素。通过这种分割方式，挖掘并满足每一类顾客的具体需求，从而实现收益的最大化。而且，五谷磨房在后期的经营中采取了与超市合作的经营模式，这种模式使得它能够迅速扩大自己的销售渠道。在我国，渠道的重要性不言而喻，而五谷磨房正是抓住了这一成功的关键。为了与超市合作，五谷磨房提出了一些非常具体的条件，包括展柜布置、人员配置以及原料提供等，所有这些都由五谷磨房来负责。超市只需要提供一个场地，就可以获得分成。这些条件真是让人无法拒绝，五谷磨房正是充分利用超市的渠道，让品牌迅速获得巨大的成功。

微型分割模式的好处是，可以帮助企业在激烈的竞争中找到一个特定的人群，并满足这个特定人群的需求，从而赚取利润。另外，还可以通过微型分割模式让企业产品多样化，以满足不同顾客的需求。这样一来，就能吸引更多的顾客，从而实现利润增长。

## 借助优势资源进入财富的快车道

在美国的某个城市外，有一块不毛之地，距离市中心大约30英里。地皮的主人认为这块地没有任何用处，便以非常低廉的价格将其出售给了一位新的主人。新主人兴奋地来到当地的政府部门，用充满智慧的语气说道："我拥有一块宝贵的地皮，我愿意将其无偿捐赠给政府。不过，我是一个坚定的教育救国论者，我希望这块地皮能够被用来建设一所大学。"政府觉得这是一个非常宝贵的机会，立刻表示同意。于是，他慷慨地将地皮的三分之二捐赠给政府。不久之后，一所相当大的大学就在这片土地上拔地而起。地皮主人利用剩下的1/3土地建造了一系列设施，包括学生公寓、餐厅、商场、酒吧、影剧院等。这样一来，大学门前就形成了一条繁华的商业街。很快，地皮的损失就通过商业街的盈利得以弥补。

故事中的地皮新主人采取"免费赠予"的策略，将地皮转变成一项具有巨大优势的资源，从而成功地获得利润。我国有一句俗话叫"靠山吃山，靠水吃水"，意思是，依靠当地的优势资源来维持生计。在商业运作中，可以理解为通过利用山脉和水源来获得盈利。

企业有很多优势资源。首先，品牌是一项重要资源，代表着信誉和价值。其次，原材料也是一项重要资源，是生产所必需的基础材料。此外，厂房也是一项重要资源，提供了生产和运营所需的场地和设施。另外，人力资源也是非常宝贵的，优秀的员工拥有丰富的经验和娴熟的技能。最后，关系网络也是一项重要资源，为企业与供应商、合作伙伴和客户建立起联系的机会。总之，企业拥有多种优势资源。这些优势资源是企业的核心竞争力，助力企业稳定健康发展。可以说，无论是一个普通人还是一家企业，甚至是一个地区或一个国家，只有拥有优势资源，才能够在竞争中胜出。

江西有一家名为BW软件的企业，专注于为电力行业提供软件服务。令人惊讶的是，近几年来，其增长率超过200%。其快速增长主要得益于长期以来建立的电力系统关系网络。这个网络是该企业的独特优势，让它能够在电力系统领域获得垄断地位，从而获得盈利。优势资源并不是稀缺资源占有者的"专利"，它具有普遍性，不过被很多企业管理者忽略了而已。那么，应该如何利用优势资源来获得更多的利润呢？盒装王老吉的成功就是一个借助优势资源而成功的典型案例。

在2005年，我国各地都传播着一句口号："怕上火，喝王老吉。"一时间，喝王老吉饮料成为一种时尚，人们将王老吉饮料作为餐饮中不可或缺的一部分。同时，这句广告语也变得家喻户晓，无人不知。王老吉品牌属于广药集团，授权给加多宝公司来运营。加多宝公司生产的那款"红罐王老吉"真是太火了！它从最初只是一个在广东地区有名的品牌，竟然一下子变成全国人人皆知的品牌。这个时候，"盒装王老吉"作为同属一家的兄弟，却一直表现得不温不火。

在"红罐王老吉"被大规模推广之后，"盒装王老吉"选择了跟随策略，主要是模仿"红罐王老吉"的做法，但却没有制定明确的推广策略，导致销量增长缓慢。那么，应该怎样找到"盒装王老吉"的增长路径呢？从消费者的角度来看，无论是"盒装王老吉"还是"红罐王老吉"，它们在品牌上没有任何区别，只是包装和价格不同而已。尽管"盒装王老吉"和"红罐王老吉"是由不同企业生产的，但对于消费者来说，它们就像是瓶装可乐和罐装可乐的区别一样，没有本质上的差别。

但是，"盒装王老吉"和"红罐王老吉"在饮用时也有一些不同，这是由于它们的包装形式不同所决定的。"红罐王老吉"是红色的铁罐，看起来高档、时尚。这种饮料非常适合国人的礼仪需求，因此在同学聚会、宴请等社交场合非常受欢迎。正因为如此，"红罐王老吉"在餐饮渠道的销售表现非常出色。王老吉的盒装产品是以纸盒包装的，重量比较轻，包装质感也不太好，无法展现出高档感，因此在餐饮渠道上无法与"红罐王老吉"竞争。然而，"盒装王老吉"却满足了家庭消费市场的需求，尤其适合在非社交场合下使用。家庭消费市场有哪些特点呢？家庭消费市场主要以批量购买为主，家庭中喝饮料并不需要讲排场，所以"盒装王老吉"在保证质量的前提下，注重价格低廉、携带方便，成为家庭购买的主要考虑因素。对于家庭消费方面来说，"盒装王老吉"正好成为"红罐王老吉"的有效补充。

继"红罐王老吉"提出"怕上火，喝王老吉"走红后，"盒装王老吉"提出"王老吉还有盒装"的借势优势资源策略。策略制定后，企业据此进行强有力的市场推广，效果明显。2006年的销售额比2005年的2亿元翻了一番，达到4亿元。而到了2010年，销售额更是突破15亿元。"盒装王老吉"凭借借势优势资源，取得了巨大的成功。

所以，通过利用自身的优势资源，企业可以迅速进入财富的快车道，从而快速获得丰厚的利润。

## 品牌背书模式可实现利润最大化

一位出版商有一批难以卖出去的书，他灵机一动就给总统送去一本，并多次请求总统给予意见。总统忙于处理政务，没有时间与他细细讨论，便随口说了一句："这本书不错！"出版商非常兴奋，大肆宣传道："大家知道吗？我现在有一本总统先生喜欢的书正在热卖！"结果，这些无人问津的书很快就被抢购一空。

不久之后，出版商又面临相同的问题，又有一本书卖不出去，他又给总统送去一本。总统上了一回当，想讽刺一下出版商，说："这本书真是糟糕透顶了。"出版商听到后同样非常兴奋，他迫不及待地发布了一则广告："现在有一本总统先生讨厌的书正在出售！"很多人出于好奇而纷纷争相购买这本书，结果该书很快售罄。

当出版商第三次将书送给总统时，总统显然从前两次的经验中吸取到教训，没有对这本书做任何评价。出版商却大做广告："现在有一本总统先生难以下结论的书正在出售！"这一次，出版商又成功地赚取了巨额财富。

在这个案例中，不难发现，出版商出售什么书并不重要，重要的是这本书与总统有关联，通过"总统"这个品牌背书，才能成功地将书销售出去。

品牌背书是指企业利用自身已有的品牌价值，将其复制并应用于其他产品或服务上，从而实现盈利的一种模式。

品牌背书模式的核心思想是不断复制企业的核心品牌资产，其复制的方向可以沿着两个维度：产品和区域。也就是说，可以按照产品的维度来扩展品牌，让它在不同的衍生产品中得到体现，从而实现品牌的裂变。比如，五粮液成功塑造了品牌"五粮液"后，又推出"五粮春"和"五粮醇"等品牌产品。企业借助五粮液的品牌价值，达到产品衍生的目的。产品的衍生不仅可以在同一行业内进行，还可以跨越不同行业和领域，迪士尼的资产复制就是一个很好的跨行业和跨领域的例子。

另外，品牌背书还可以进行区域维度扩张。这种方式被广泛应用于连锁店的特许加盟扩张中，很多连锁店都采用这种方式来扩大业务规模。首先，要创建一个连锁品牌，并在一个特定区域内取得成功，成为一个典范。然后，可以通过特许加盟的方式，扩大业务范围并复制品牌资产。肯德基、麦当劳等知名品牌采用的都是这种模式。

无论是产品维度的横向延伸，还是区域维度的纵向扩张，品牌背书模式都有一个非常重要的特点，那就是不断地复制原有的核心品牌价值，以实现利润的飞速增长。例如，在消费者心中，五粮液是一个非常有名的品牌，当五粮液酒厂推出五粮春和五粮醇两款新产品时，消费者自然而然地认为它们也是好酒，因为五粮液酒厂背书让消费者信任这些品牌。过去，企业只依靠五粮液这一个品牌来赚取利润，经过裂变之后，企业可以依靠三个品牌来赚取利润。当一个品牌在纵向区域扩张时，品牌资产复制也是如此。如果在一个地方只开一家店，就会遇到瓶颈。假如采用特许加盟的方式来实现区域扩张，就能够不断地复制品牌资产，从而获得更大的利润回报。

在应用品牌背书模式时，需要在消费者心中建立起对品牌的心智认知联系。这个联系可能是一个具体的符号，比如一个特定的图案或标志；也可能是一个具体的字词，比如一个特定的单词或短语；还有可能是一种具体的颜色，比如红色或蓝色。苹果公司推出一系列产品，包括iPhone、iPad和iPod等。这些产品都以"苹果"品牌背书，并通过一个共同的符号"i"联系在一起。郎酒一直在不断推出新品，比如红花郎、青花郎和老郎酒等。这些酒都以一个共同的特点联系在一起，即它们都有一个"郎"字。洋河酒业的成功，就是充分运用了品牌资产复制——品牌背书模式的结果。

洋河酒业经过一系列努力，成功地将自己从一个低端品牌的白酒企业转变为一个备受瞩目的高端品牌。早在2011年，洋河酒业就表现出色，销售收入达到127亿元，这使得它成功地进入百亿企业的排行榜。从2005年到2011年，洋河每年都几乎保持着百分之四五十的增长率，它的经营模式已经成为白酒行业中其他企业学习的典范。

洋河酒业是怎样复制品牌资产的呢？它们通过推出高端品牌"洋河蓝色经典"，并且在不同阶段有计划地进行品牌裂变。从"洋河蓝色经典"开始，消费者见证了它的裂变，分别裂变成"海之蓝""天之蓝""梦之蓝"，每一种都有其独特的味道和特点。而后，又有新的产品推出，如"梦3""梦6""梦9"等。洋河酒业一直在不断地进行品牌裂变，逐渐将自家产品的价格从几百元提升到上千元。

在2003年之前，洋河酒厂只有一些类似于"洋河大曲"的低端产品品牌。为了迎合消费升级的市场趋势，洋河需要推出一系列更高端的产品品牌，以满足消费者对高价位产品的需求。更高价位的白酒需要有更强大的品牌价值来支撑，洋河酒业于是在2003年提出一个新的战略，专注于推广中高端品牌——"蓝色经典"。为了让"蓝色经典"快速推广起来，就需要借势洋河已有的品牌资源。当时，消费者对"洋河"这个品牌有一定的了解，不过仅限于江苏的一些区域。尽管如此，洋河酒厂通过"洋河"品牌的声誉打造出"洋河蓝色经典"这一品牌，从而成功地复制出洋河的品牌价值。这样做的好处是可以降低"蓝色经典"品牌的宣传成本，并且能够达到最大的宣传效果。当消费者开始接受"蓝色经典"这个品牌后，再逐步去"洋河"化，使"蓝色经典"保持独立性，使其成为一个独立的品牌。从2008年开始，洋河决定以"蓝色经典"为品牌背书，将之前的"海之蓝""天之蓝""梦之蓝"系列产品进行品牌裂变，形成"海之蓝""天之蓝""梦之蓝"三个独立的品牌。随后，又将"梦之蓝"进一步裂变，推出"梦3""梦6""梦9"等新产品。洋河采取层层品牌背书的策略，达到复制品牌资产的目的，并且这种策略使得它们的利润呈现出飞速增长的趋势。

品牌背书模式是一种优质模式，它充分利用企业的品牌资产来实现利润最大化。然而，也要注意，盲目和无节制地扩张可能会对企业的品牌形象造成损害，导致失去品牌资产。

## 从卖产品到卖解决方案

要想保持持续盈利，企业必须时刻问自己三个关键问题：首先，要清楚地知道客户是谁，他们是什么样的群体？其次，客户真正的需求是什么？最后，如何满足客户的需求？只有通过不断地了解消费者，才能确保企业不会被消费者抛弃。

例如，一个企业生产洗发水，它的客户是谁呢？假如这个企业的目标客户群体主要是年轻人。那么，这些年轻人到底需要什么呢？他们需要的并不是简单的洗发水这个产品。洗发水只是他们满足需求的一种方式和工具。他们真正的需求是在和朋友约会时给对方留下一个良好的形象。他们想要头发看起来没有一丝头屑，触感更加柔软，闪耀着迷人的光泽。

那么，企业应该怎样满足他们的需求呢？企业可以研发一种特别针对头屑问题的洗发水，帮助客户轻松去除头屑，让他们在约会时不再受到头屑的困扰。企业还可以研发让头发变得更加柔顺的护发素、让头发变得更加有光泽的发蜡。

这样的话，当客户约会时，就会更加有魅力，更加自信。洗发水、护发素和发蜡等产品，能够帮助年轻人在约会时展现出"良好形象"。企业通过开发不同的产品，以满足消费者的消费需求，并从中获利。我们将这种模式称为"客户解决方案模式"。

客户解决方案模式的宗旨是把客户放在中心位置，不再只关注产品本身，而是致力于最大化满足客户的需求和喜好。要想改变价值链的方向，就要从客户的需求开始，然后整合资源，以实现客户的价值。具体的做法是：首先需要了解客户的需求和喜好，包括他们的购买标准、客户情绪、客户喜好、客户权利、决策程序、购买时机、购买行为、功能性需求等；然后设计出能够适合客户业务需求的产品，或是了解客户如何购买和使用产品；最后找到方法来帮助他们克服遇到的困难。

百略公司成立于1981年，主要从事生物医学科技领域，专注于医学量测系统和健康服务。主要业务是研发、制造和销售与医疗量测和服务相关的产品，产品系列包括温度计、血压计和电热毯。因为这些产品的技术含量并不是很高，市场上存在着大量相似的产品，竞争也非常激烈。按照传统做法，每家企业都会采取相似的营销模式来与竞争对手展开竞争。这种情况下，竞争的结果肯定会演变成价格战。最终，没有任何企业能够从中获得优势。

百略公司没有卷入价格战的争夺之中。相反，它们站在消费者的角度重新思考，发现消费者真正需要的不仅仅是产品本身，更重要的是产品所带来的实际效果！例如，消费者需要的不仅仅是温度计、血压计等，而是需要能够检测深层生理指标并提供病灶信息反馈的技术。通过使用检测设备和接收反馈信息，消费者可以及时了解自己身体的健康状况，并且及时采取措施来治疗疾病。为什么不把产品进行整合，重新制定一种全面的解决方案，为客户提供健康检测和反馈服务呢？

于是，百略公司对盈利模式进行了一系列的改变。尽管公司的核心业务仍然是产品，但重点却是提供优质的服务。百略公司与沃尔玛合作，在每个沃尔玛的终端收集客户信息。然后，百略公司对这些信息进行处理，并及时将每个客户的信息发送给他们的私人医生或亲属，使客户的身体状况随时处于检测之中。这种本质性的改变，不仅让企业不再陷入同质化的竞争中，还让产品热销起来，并从中获取丰厚的利润。

客户解决方案模式适用于各行各业。无论是在制造业、零售业还是服务业，客户解决方案模式都能够帮助企业解决问题。无论是需要提高生产效率、优化供应链管理还是改善客户体验，客户解决方案模式都能够满足企业的需求。无论是大型企业还是中小型企业，客户解决方案模式都能够适应其规模。例如西服行业中，可以将目标人群更具体地细分为大学生群体。那么，大学生为什么购买西服呢？大部分大学生购买西服是因为需要找工作，他们的需求并不是西服本身，而是求职。西服只是满足其求职需要的产品之一。根据这个定位，是否可以设计一个大学生"求职"的全面解决方案盈利模式呢？根据需求进行倒推，企业的产品不再仅限于西服，而是一套完整的解决方案。这套解决方案可能包括西服、皮鞋、领带、形象设计等。再如，在培训行业中，那些参加英语托福和雅思培训的学员，他们的需求并不仅是想要接受英语培训。实际上，他们参加这些培训只是为了实现出国留学的梦想。根据这个定位，可以设计一个完整的"出国留学"解决方案。这个解决方案将包括申请条件和流程咨询，以及英语培训等一系列的服务。

## 第十章
# 创新赋能：谋求更大的发展，必须增强原生动力

企业要想在竞争中不被对手击败，必须拥有自己的核心产品，但不意味着有核心产品就能一劳永逸，永远让企业吃核心产品的红利。尤其是互联网时代，产品更新迭代的速度非常快。企业必须在商业竞争中，根据时代的需求，及时创新，推出新的产品，才能在市场中赢得消费者的青睐。

# 没有创新就没有前途

在瞬息万变的商业世界中，每个企业都不得不进行创新，这是一种无法回避的商业行为。实际上，创新的最终目标不仅是为了改变经济状况，比如从亏损转为盈利。更重要的是，通过创新，企业能够迅速应对不断变化的外部环境，以确保在激烈的竞争中保持领先地位。所以，对于企业来说，无论效益有多好，成绩有多出色，都必须不断地采取创新行动。如果企业坚持使用过时的模式和思维方式，不适应变化，那么在激烈的竞争中将被淘汰。只有紧跟时代的步伐，不断创新，才能使企业取得长足的发展。

企业经营管理的核心是各种重要资源，比如人力资源、财务资源和物资资源等。"创新就是创造一种全新的资源。"美国管理大师彼得·德鲁克如是说。对于企业来说，"创新"这个概念大家都明白，但要真正付诸实践并不容易。因为创新不是像生产流水线那样是可以很清楚界定的过程，它需要各个部门之间的共同努力，很难由某个团队独立完成。此外，创新过程经常是看不见摸不着的，并很难去追踪和评估的。所以，对于一个管理者来说，需要特别重视和培养创新能力。

1.冲破模仿的牢笼

很多公司都希望拥有自己的特色，也就是个性化，但是却面临着困境，不知道该怎么做，也没有找到合适的方法，只能选择模仿那些已经取得成功的公司。几天过去了，几个星期过去了，几个月过去了，几年过去了……最终没有成功打破那个模仿的限制，反而极大地限制了企业自身的创造力。创新不是简单地去模仿，而是要在激烈的市场竞争中，根据企业的风格对产品进行各种改进、变换和扩充，才能使产品更具适应性和竞争能力。

在IT行业，竞争非常激烈。有时候仅仅拥有现有的技术并不能保证成功，要想真正取得成功，最关键的还是技术创新。就像Napster一样，一个非常简单的想法，就让用户能够以P2P的方式分享自己的歌单。令人惊讶的是，在短短的时间内，用户数量就达到了几千万。尽管它一直麻烦不断，但不得不佩服他们那种不断创新的精神。在软件行业，需要不断创新，但是也可以适度借鉴。首先，需要将注意力转向那些之前没有涉足过的领域。只要能够正确地选择这些领域，那么就已经成功了一半。其次，如果在某些领域已经有其他人开发出的非常成熟的技术，就没必要再去重新开发。相反，应该以这些已有的技术为基础，结合自己的情况，开发出更符合市场需求的产品。

2.创新是企业发展壮大的前提

熊彼特在《经济发展理论》一书中，对"创新"的含义进行了详细解释。他指出，"创新"指的是引入一种全新的生产函数，也就是在生产体系中引入一种以前从未存在过的生产要素和生产条件的新组合。熊彼特认为，新组合包括以下五种情况：

第一，企业引进新产品，也就是推出全新的商品或服务。

第二，企业引进新技术，也就是采用新的生产方法来提高效率和质量。

第三，企业开辟新市场，也就是进入以前未涉足的领域，寻找新的机会。

第四，企业控制原材料新的供应来源，也就是寻找新的供应商或开发新的资源，以确保原材料的稳定供应。

第五，企业开创新的组织，也就是进行内部的重组或改革，以适应市场的变化和发展。

美国管理学家彼得·德鲁克在其著作《创新与企业家精神》一书中指出，创新应专注于一件事情上，不然的话容易引起混乱。如果创新不够简单不够专注，就很难将其运作下去。任何新生事物的产生都会遇到麻烦和阻碍，如果创新过于繁杂，则难以达到预期目的。有效的创新，事实上都极其简单。

因此，当创新取得成功后，人们往往会给予这样的高度评价，"这也太简单太明显了，我为什么没想到呢？"专注对创新极其重要，哪怕是创造新用途或新市场的创新，也要具备一个具体、清晰、有所设计的应用。它应该专注于，能满足一个具体的需求和能产生一个具体的最终结果。

企业创新是其成长的前提。如果没有企业内部创新力的支撑，企业不可能不断成长和壮大。从世界企业发展史来看，企业创新推动企业成长是一个普遍规律。世界上任何一个企业成长壮大的历史都与企业创新的历史紧密结合在一起。

福特汽车公司通过引入自动流水线技术和推出T型车等产品创新，赢得了"汽车帝国"的声誉；通用汽车公司则是事业部制组织结构的先驱，通过这一创新解决了原有组织结构对扩张进程的限制；美国大平原软件公司通过关注每个顾客的需求、戴尔计算机公司则通过提供优质服务等市场创新，均取得了令人瞩目的业绩。这些具有几十年甚至上百年历史的大企业，在其长期成长过程中，无一例外地融合了技术创新、产品创新、组织创新和市场创新等要素。

因此，企业创新是企业生命力的体现，是决定企业生命周期长短的核心所在。

3.创新是胜败的关键

如今是科学技术飞速发展的时代，一个企业科技创新的能力和水平是它能否生存下去的决定性因素，而且企业之间的竞争也变成了谁能够拥有更强的创新能力的竞争。

创新是民族前进的灵魂，驱使着我们不断向前；是国家繁荣昌盛的不竭动力，让我们不断取得成功。对于企业来说，创新是永远保持活力的源泉。所以，无论何时何地，无论是在过去、现在还是将来，企业都必须始终坚持创新和变革。如果不积极地寻求创新，不断地尝试新的方法和思维方式，将陷入停滞不前的境地，最终走向失败和衰亡。

在千变万化的商业环境中，企业必须保持稳定并且不断变革，以确保自己在竞争中立于不败之地。要做到这一点，企业需要不断地进行管理创新、技术创新，并且提升管理者自身的素质。这些是决定企业竞争胜败的重要因素。

## 创新才能获得更多的机遇

市场上常见到这样的现象：某些品牌赚钱了，众多企业立刻跟风，大举向这方面投资；当某个产品不赚钱了，企业又会马上换投别的项目。这种做法不仅会损害企业的品牌形象，还会妨碍到企业的长远发展，特别是一些实力不太强的小公司，要学会在市场中走出自己的路，以寻求自己的发展。技术和市场的变化无常，要求企业在发展过程中不断创新，以适应市场以及技术的要求。创新能力是一个企业赢得市场的重要手段，只有具备了创新能力，企业才能在激烈的市场竞争中掌握主动权，成为市场的引领者。

事实表明，战场上没有永远不败的将军，市场上也没有永远不衰的产品，为什么会出现这样的结果？产品一旦创出了名声，企业就会把当初创业的艰苦忘得一干二净，其思想也很快发生转变，不再思考怎么提高企业的效益，保证产品的质量，满足客户的需求，而是沉浸于自己取得的胜利之中。久而久之，产品的口碑变差，企业也因此陷入危险的境地。激烈的市场竞争就像逆水行舟，不进则退，一不留神就可能使企业产生危机，企业只有在发展中不断超越自我，努力创新，才能在竞争中永远不败，并创造辉煌的成功。

心理学家认为：我们每一个人都具有一定的创新能力，只是这种能力被压制了。为了将工作完美地完成，管理者就要任用有创新精神的人来工作。激发每个员工的创新能力，这对管理者来说不太容易，但是也并不太难。在现实工作中，有很多员工觉得自己并不具备创新的能力，他们觉得创新只是极少数人特有的天赋；还有一些员工具备一定的创新能力，但是由于自卑，害怕被别人嘲笑，不敢发表自己的意见。

创新是企业的发展动力，在一个企业中，员工的创新是企业创新的根本。在一些企业中，管理者虽然鼓励创新，但是在实际管理中，因为担心员工的创新水平不高，有意无意地压制员工创新的热情。

在工作中，员工的创新是需要管理者细心培养的。有很多员工具备创新的潜力，只要管理者给他们提供空间，他们就会在工作中不断进步，主动创新，为企业的成长做出自己的贡献。正是因为有了这些创新人才的新观念、新方式，企业才能走在时代和同行的前列。

日本索尼集团的创始人井深大先生和盛田昭夫先生，从创业之初就立志要将电子技术和工程学相结合，打造出自己的创新产品，引领全球电子产业的发展。

1948年，井深大先生在日本广播公司看到了一台美国制造的磁带录音机，当时这种设备在日本还很稀少，井深大先生敏锐地发现了它的商业价值，并立刻购买了其专利权。他运用自己在物理领域的专业知识，成功地制造出日本首台磁带录音机。这种录音机比原来的录音机更方便使用，它的录放音效果好，磁带的成本也比原来低了很多。这种新型录音机具有优良的性能，价格也很合理，但是在刚刚上市时并没有立即受到消费者的欢迎，这让盛田昭夫先生深感困惑。

有一天，盛田昭夫先生来到一家古董店，看到一位客人高价购买了一个普通的旧坛子。他就开始了思考：一个普通的旧坛子在普通人的眼中没有什么价值，但是在懂得古董的人眼里却是珍品。他由此想到，只有向懂得产品价值的人销售，产品才能有市场。于是盛田昭夫先生开始有针对性地进行销售。当他知道很多法院的速记员因为人手不足，经常要加班加点时，他马上带着他的录音机进行上门销售。法院很快就订购了大批的录音机。

在将录音机向法院销售成功之后，他又把目标转向了学校。当时由于驻日美军的控制，要求对日本学生进行英语教育，但是因为缺少英语教师，所以急需这种录音机。于是他带着他的录音机来到了学校，向学校展示了他的产品。人们看到这个外形奇特的录音机很是好奇，但是当这个录音机将人们的对话一一录下，并进行回放时，人们都惊讶不已。但是当时他们的录音机重80磅，这么沉重的录音机对学校来说很不方便。新的问题又出现了，为了将录音机向学校进行大规模推广，就要在录音机的重量方面进行改进。

为了让录音机更轻便，盛田昭夫召集了公司的工程师，用了10天的时间，终于找到了一种降低重量的方法，又花了9个月的工夫，制造出一种手提箱般大小的便携式录音机，售价仅为原来的一半。盛田昭夫带着他的新产品走遍各个学校，向学校的师生们展示使用录音机的步骤，介绍录音机的优点，在他的推荐下，在一年半的时间内，就有2万多个学校购入了他的录音机。从那时起，银行、学校、电台等单位纷纷采购他的录音机，录音机的热潮席卷了全日本，销售量突飞猛进。

1952年，美国发明了一种神奇物质——晶体管。井深大敏锐无比，一听说就飞往美国，对晶体管进行调查，力求在最早时间内获取晶体管的详细资料。他果断行动，花2.5万美元购买晶体管的专利权。回到日本后，他马上组织技术攻坚小组对晶体管进行研究，在他的领导下，终于制造成功了世界上第一台迷你式晶体管收音机。

索尼的发展之道在于不停学习、不停创新，时时走在别人前头。紧随时代变化，做别人没有的产品，于是有了世界上第一台迷你式录音机、第一台微型电视机、第一台微型摄像机等，这才有了"索尼产品永远是最新的"声誉。

创新是对未知事物的尝试，与创新相伴而来的就是风险，没有任何风险的创新就算不上是创新。对于每一个不满足于现状的企业来说，鼓励创新，就意味着企业将创新融入企业的日常管理当中。

企业在实际管理中，针对创新要做好以下几个方面：

1.鼓励员工创新

外部环境是不停变化的，因此企业的战略与决策也要随之变化。如果企业不把这些变化信息及时告知给每一个员工，那么员工就会在工作中墨守成规，工作效率很难提高；企业也会因此很快被别的企业超过，面临破产的危机。员工的创新是企业创新的动力，一个企业要想发展，就要激励员工在工作中不断创新，提升自己，完善自己。一个员工的创新不断得到体现，离不开公司支持创新的决策。正是这些决策，给员工提供了一个展示自己的平台，员工在平台上尽情施展，乐在其中。在变化无常的市场中，企业经历了各种挑战；员工不停成长、不停创新，终将带领企业走向一个崭新的时代。

2.给员工创新的机会

员工虽然对自己的岗位了如指掌，但是对企业的经营战略和规划却知之甚少，一个不清楚企业战略和规划的员工，怎么能够为企业提供创新的方案呢？要想激发员工的创新意识，就要让员工对企业的文化、方针、管理方式有更深的认识。管理者在制定企业规划的时候，可以让员工也参与进来，多听取员工的意见和建议，这样既可以保证企业决策的正确性，又给员工提供了创新的机会。

3.实事求是对待员工的创新

在日常工作中，很多员工提出的创新性建议是不现实的，不仅员工如此，管理者也是，他们的创新思路很多时候也是不合理的。即便如此，管理者还是要多激励员工创新，因为剩下的那一小部分创新火花，足以让企业充满活力，持续发展。当员工提出一个创新性建议的时候，如果管理者发现将这个建议实施，企业付出的成本和收益不匹配，管理者首先应该表扬这个员工的创新精神，然后再婉转地说明自己对这条建议的真实看法，鼓励员工从另一个角度思考问题，让员工明白企业是支持创新的，并建议其在以后的工作中继续努力，不断创新。

4.奖励员工的创新

企业不仅要鼓励员工的创新，还需对提出优秀的创新意见，为企业带来好的效益的员工适当进行奖励。企业可以设立创新奖，激励员工多创新；还可以组织一些讨论活动，让员工各抒己见，对工作提出好的改进方案；也可以在企业内设立意见箱，员工对工作的任何意见和建议都可以得到重视，及时采纳员工合理的意见，解决员工在工作中遇到的各种困难，引导员工在工作中进行创新。另外，员工除了在自己的工作范围内创新外，还可以跨越工作领域，在别的领域进行不断创新。员工对其他领域提出的创新性建议，因为思考问题的角度不同，可能会给企业带来意想不到的收获。

## 企业需要不断创新

随着社会的变革、时代的变迁，企业的发展也是不断变化的。如果只朝着一个方向走，产品墨守成规，技术永不更新，那么这样的企业是难以适应高速变化的时代的。只有高瞻远瞩，把目光放远，改变固定思维，不断创新，企业才能够进步，才能够走得更好更远。现代科技发展日益迅速，各种电子产品如雨后春笋般被制造出来。为了满足广大用户的需求，新技术、新发明也络绎不绝。如果没有创新，企业将很快被淘汰。

"柯达"这个品牌曾是全球摄影界的常青树，百年不衰。它的年销售额高达200亿美元，建立了强大的"柯达王国"。

但是，2012年1月10日，柯达宣布对旗下业务进行调整，原有的三个业务部门缩减为两个。柯达称，调整并简化业务结构旨在降低成本，为股东创造价值，帮助公司渡过难关，避免退市，这是柯达当时最大的挑战。当天柯达的股价仅为58美分，而在1999年1月的鼎盛时期，柯达股价曾达到每股78美元。柯达公司因此陷入困境，步履艰难。柯达走到这一步的原因在于新兴竞争者的出现，对柯达造成了巨大冲击，而柯达自身并未充分意识到公司所面临的危机，不重视运用最新科技来不断完善和发展自己的产品，而是沉浸在过去巨大成功所带来的快乐中。但是好景不长，"二战"后的日本富士公司上市了柯达的同类产品，但其价格却比柯达公司低廉，性能也比柯达优越，于是，富士公司成了柯达公司最强大的竞争对手。在20世纪60—70年代近20年的较量中，柯达屡次败北，最终面临破产。

柯达公司陷入危机，主要是管理者们沾沾自喜，不重视产品的创新，没有利用新技术持续开发新产品，拓展新市场，导致企业失去了竞争力，最终被对手超越。柯达公司的衰落，不仅源于其技术创新的落后，更是其忽略消费体验的结果。直到2003年，柯达才全面转型数码产业，随后才陆续剥离医疗影像业务和相关专利权。但是，当时佳能、富士等日本品牌已抢占"数码影像"的先机，就连韩国三星甚至中国华旗等企业业已崛起。此时，庞大的柯达已经错失占领"数码影像"市场的机会。在这个变化迅速的时代，只有"创新"是永恒的法则。这种创新，不仅涉及技术和管理方面，更涉及商业模式乃至消费体验方面。而对于老牌企业而言，要么在固守和自满中走向灭亡，要么在不断创新中重获生机。

调料产品在市场上的关注度很低，但是李锦记却能在调料市场上做强做大，发展到现在已有一百多年的历史。李锦记最初推出主打产品蚝油的时候，我国的经济还不太发达，如此昂贵的调味品即使在北京、上海销售也非常困难。和一般企业销售的路径不同，李锦记决定突破常规思维，一般产品的销售都是从农村走向城市，而它们这一次要从海外市场起步，再逐步扩展到中国内地。这样的销售策略在当时实属创新，但是这样特别的思路却打开了产品的销售市场，让李锦记逐渐壮大。李锦记打开海外市场，尝试把中国的饮食文化通过调味品传播给世界，这样新颖的销售方式很快赢得了国外市场的认可。如今，李锦记在美国调味品市场占有率为88%，在日本的调料市场上李锦记的销售量一直稳居第一。

海外市场的开拓，让李锦记的名声迅速传回了祖国。但是国内市场的进入，也给李锦记带来了挑战，最明显的是它的招牌产品蚝油已经远远跟不上市场的需求，加上国内调味品品牌繁多，激烈的竞争迫使李锦记再一次寻找未来发展的方向。李锦记不断追求创新和突破，发现国内家庭主妇爱吃蒸鱼，就推出了高端酱油产品蒸鱼豉油。这款产品的上市受到了广大消费者的欢迎。不久后，李锦记蒸鱼豉油风靡全国。

李锦记凭借蒸鱼豉油的创新和营销，荣获1997年度香港杰出营销奖HKMA／TVB铜奖。李锦记并不满足于此，继续研发新品，以迎合不同人的口味和需求。近年来，健康饮食成为潮流，低盐低脂是人们的选择。李锦记顺应消费者的心声，推出了薄盐生抽等健康系列酱油。为了适应人们快节奏的生活，李锦记开发出了方便酱料包，让面条和馒头的味道更上一层楼。

另外，李锦记还研发出一种料包，家庭主妇可以用它做出大酒店招牌菜的美味，这样既提高了人们做饭的效率，又满足了外出就餐的口味，既方便又卫生。李锦记不断追求卓越品质，产品销往世界100多个国家和地区，先后获得香港出口市场推广大奖、海外拓展成就奖、"亚洲第四大品牌"称号及"亚洲食品第一品牌"等奖项，李锦记也被选为"香港20大杰出商业机构"，李文达主席也被评为"香港100位最具影响力的人物"之一。

李锦记之所以成功，是因为它不断推陈出新，它从最初的两种产品扩展到现在的100多种产品，成就非凡，李锦记为此付出了巨大的努力。一个企业只有持续创新，不断超越自己和对手，才能够满足市场的需求。超越让企业变革，超越让企业重塑，高瞻远瞩，这样企业的路才会越走越宽。

如果管理者不会创新，那就相当于自己把自己逼上"死路"。企业的发展历程也是创新的历程，只要环境在不断地变化，企业就需要不断地创新。因此，创新永远没有尽头。任何企业都不能指望通过一次创新，就可以永久地享受创新的成果。企业在发展，环境在改变，这就需要企业进行勇敢的尝试和持续的创新。只有不断创新，才能保持企业的执行力，不断向前发展。

同时，创新还必须跳出定式思维。影响创新的最大障碍是我们自己，由于过去的经验和阅历，人们在大脑中会逐渐形成某种思维模式。遇到问题时，这种模式就会自动出现，帮助我们思考，从而造成一种思维的定式和惯性。因此，一定要打破思维的惯性，跳出思维模式所带来的定式状态，去寻找常规之外的东西。遇到问题时，一定要努力思考，是否还有别的方法？是否还有别的解决问题的途径？只有这样，才能摒弃旧的思维框架，打破思维定式，让思维变得更灵活多样、敏捷准确，从而提高自己的创新能力。

## 换一个角度思考问题

一个商人有很多想法和计划，但每次他都觉得自己做不到，所以赚的钱也不多。商人心里一直纠结一个问题：从现在开始怎样才能赚到更多的钱？在百思不得其解的情况下，他向一位高僧请教。

高僧听了商人的困惑后，拿出一个钵，让商人把石子放进去。钵被装满之后，高僧询问商人是否还能装进去东西。商人回答："已经无法再装了。"

高僧让他把沙子装进钵里，结果钵里又装了很多沙子。装完之后，高僧询问商人是否还能再装一些东西。商人回答："已经无法再继续装了。"

高僧让他往钵里倒水，结果钵又装了很多水。商人顿悟！

商人听从了高僧的指引，在经商的道路上不断取得进步。有一天，商人又来找高僧，他说："我已经找到了证明自己价值的方法，现在我想在余下的人生中，写一些东西。然而，每当我坐下来并花很长时间进行思考，却无法找到灵感。请您告诉我该怎么做。"

高僧又拿出了那个钵，对商人说："请你把这些石子放进钵里。"装完之后，高僧问商人："你认为还能再装一些东西吗？"

商人回答说："当然可以装。"于是商人抓起一把又一把的沙子，将它们装入钵内。装完之后，高僧又问商人："这个容器还能再装东西吗？"

商人毫不犹豫地回答："当然可以再装。"商人开始往里面倒水，自然又装进了很多水。

高僧问商人："是否还能装？"

商人皱起了眉头，沉思了很长时间，然后用犹豫的语气说道："很抱歉，不能了。"

这时，高僧拿起那个钵，把里面的水、沙子和石头全部倒掉。然后他问那个高僧："现在还能往里面装东西吗？"

商人又一次顿悟。

商人两次向高僧请教，收获颇丰。他通过勤奋努力，事业更是蒸蒸日上！为了能够更加稳健地发展自己的事业，他决定再次向高僧请教。

高僧依旧拿出那个钵，对商人说："你仔细看这个钵，它真的很小，但是它可以无穷尽地装入很多东西。你有没有想过，为什么它能做到这一点呢？难道这个钵有什么特别之处吗？"商人经过再三斟酌后回答："不是的，这只是一个普通的钵，它并没有什么特别之处。但是，使用这个钵的人的思想在不断转变，这才使得它变得更有价值！"高僧听了，笑了笑，从身后又拿出一个钵，对商人说："世界上不仅只有一个钵，也不仅只有一座山或一条河。一个钵所能承载的东西毕竟有限，如果把两个或者三个，甚至更多的钵放在一起，所装的东西就不仅仅是山和河了，不是吗？"

商人听完这番话后，回到家中反复思考。经过一番深思熟虑，他终于恍然大悟。从那一刻起，无论是对待下属还是对手，他都能够根据每个人的特点和能力来让其施展才华。他深谙知己知彼的道理，懂得集齐众人的智慧。因此，他的事业开始腾飞。

现代企业的经营管理者贵在创新。换一个角度思考问题，往往会柳暗花明又一村。以下是对商人几次顿悟的解析：

第一次：任何事情只要专注，不断发现，就一定还有潜力。同样，智慧能使事情发生转机，潜力无穷。

第二次：接受新的事物，必须首先将所有的以往旧观念放弃掉，才能真正地、完全地接受新事物，不断创新。

第三次：企业的经营管理者要善于集思广益，量才而用，要能够发现人的价值，任用多种类型的人才，为企业的发展出力。

综观中外企业兴衰的轨迹，我们不难发现这样的现象：走向兴盛的企业无一不与创新行为紧密相伴；而导致衰败的企业，忽视创新则是重要的原因之一。因此，我们认为，企业生命的源泉在于创新，失去创新，企业就会失去生命。

创新是市场竞争的内在要求。市场经济本质上就是竞争经济，企业之间的竞争，实质上却是隐含于产品、技术背后的企业之间创新能力、创新意识的竞争。因此，创新不足，必然会在市场竞争中落后于人，失去市场主导地位，甚至失去市场生存空间。

当前，随着国际分工的进一步深化，世界经济运行方式和企业生存发展的内外环境条件也相应地发生了根本变化，传统经济形态中的企业管理理念、营销理念、决策模式和管理体制等受到严重冲击。我国企业要想在高手如林的国际经济舞台上与强悍的对手比高低，一个最重要的途径就是不断地进行创新。当前，企业创新已不是要不要的经营问题，而是怎样加大力度、加快速度的生死抉择。新时代区别于旧时代的重要标志是：企业的主导资源不再是货币及物质资本，而是知识。未来的企业竞争将由精良的机器和雄厚的财力的较量转为企业之间知识和脑力的对抗，拥有创新的智慧则成为决定企业自身生存和发展的最为迫切和最为关键的能力。

众所周知，利润是企业经营成果的主要反映，是支撑企业发展的基石。1992年，美国最大的企业通用和福特汽车等处于严重的亏损阶段。那一年，通用公司和福特公司的经营收入都一般。可是1994年以后，美国企业就逐步压倒日本企业，摆脱困境，其销售利润率呈上涨趋势。而与此同时，日本国内大多数企业满足于既得利益，不思进取，创新的脚步放慢，结果被欧美企业赶上并超过，在全球市场竞争中节节败退，有些行业甚至已经全线崩溃。这个教训不可谓不深刻。守旧招致日本企业大溃败。

面对当今日益呈现的全球信息化、网络化及经济全球化趋势，企业要想在科学技术日新月异、经济生活瞬息万变的环境中生存发展，必须具有超越他人的创新力和创造力，不断地进行创新。

我们生活在这样一个年代，进行有效创新的能力已经成为企业成功的决定因素。如果竞争就是创新，就是创造和改进产品、服务和加工过程，那么不创新就意味着灭亡。

## 搞创新，要有勇气和洞察力

企业的发展离不开创新，因为创新是推动企业不断前进的关键。没有创新，企业就无法跟上市场的变化和竞争的步伐。创新可以帮助企业开发新产品、改进现有产品，提高生产效率，降低成本，满足消费者的需求。通过不断创新，企业可以保持竞争优势，拓展市场份额，实现持续增长。因此，创新是企业成功的必备要素，没有创新就很难在激烈的商业环境中生存下去。市场上的同类产品都差不多，只有那些经常创新、不断推陈出新的企业才能够与众不同，这样的企业才会有更好的发展前景。但是要实现创新并不是简单地说说就行的。创新需要我们勇敢地进行一次又一次的冒险尝试，敢于承担失败的风险。但更重要的是，我们必须认真细致地对待每一个细节。只有当我们真正用心去观察和细心去思考，才能够发现那些别人很容易忽略的商机。只有这样，我们才有机会创造出更加出色的产品。所以，创新就得有勇气和洞察力。

我们都很熟悉盐，它是我们生活中必不可少的调味品。没有盐，食物就会变得索然寡味。有些人真的花了很多时间来研究这个微小的食盐，最终创造出一些不常见的产品。我国台湾是一个宝岛，四周被海洋环绕，那里盐的产量非常丰富。人们经常将盐制成盐雕，供大家欣赏。面对这么多宝贵的资源，如果不好好利用，真有点浪费。于是有一些人开始探索创新，他们经历了无数次艰辛的试验，最终成功制作出一种咸味冰糕和盐卤咖啡。大家都知道，通常我们喜欢吃甜甜的冰糕和喝甜甜的咖啡，但是有人想过加盐会怎样吗？台湾人不仅创造了独特的咸味冰糕和盐卤咖啡，而且它们的味道也非常特别。冰糕不再只是甜食爱好者的专享，喜欢咸味的人也可以品尝到它的美味。它散发着一种香香的味道，就像卤蛋一样，让人垂涎欲滴，即使是糖尿病患者也可以尽情享受这种美食的滋味。

随着时间的推移，市场上不断涌现出更多新产品。这对那些仅仅依靠经营盐雕或以盐为娱乐形式的企业或个人来说，带来一些焦虑和紧迫感。洪玺曜就是其中的一个人。当他感到对未来毫无办法时，一次机会让他对盐的经营产生了兴趣。有一天，洪玺曜正在自家厨房里忙着做饭，他不小心把柠檬汁滴进了盐罐里。然而，他发现家里的盐已经所剩无几了。于是，他只好将带有柠檬汁的盐放进了他正在烹饪的海鲜菜肴中。没想到海鲜刚刚端上饭桌，还没过多久就被抢得一点不剩了！大家对这道菜赞不绝口，纷纷询问是加了什么调料才能让海鲜的味道如此鲜美。洪玺曜突然有了一个灵感，或许可以抓住这个机会，发掘出盐的各种不同商机。

然后，他勇敢地尝试了一种新的方法，将普通的盐和台湾的果蔬结合在一起，结果出乎意料地产生了一种独特的味道。他很快就成功地研制出一种令人兴奋的新产品——彩味盐，并且成功地将其推向市场。在红色的盐里加入台湾的洛神花茶，这样可以让人感到更加宁心安神；在绿色的盐里加入天然的绿茶，这样可以帮助人们消除油腻感；白色的盐里加入柠檬，柠檬的酸甜味道正好可以为海鲜提味；黑色的盐里加入紫菜；黄色的盐里加入杧果……洪玺曜根据人体养生的五行理论，将这些彩色食盐分别命名为"金""木""水""火""土"。人们非常喜欢五行彩味盐，对它赞不绝口。人们将食材的处理方式从以前的煎、炒、烹、调变成了更健康的蒸煮方式。蒸煮后的食材保留了原本的味道，而且蘸上五行彩味盐，味道更加丰富，让人有一种小时候吃零食的感觉。这种创新的盐上市后，给人们的生活带来了很大的改变和方便，洪玺曜也因此赚取了相当可观的收益。在日常生活中，普通食盐的价格非常便宜。在台湾市场上，一公斤盐只需要15元新台币就可以买到。五行彩味盐每一瓶100克的售价是60元新台币，这意味着一公斤的售价是600元新台币，盐的价格翻了40倍。

创新的力量是无穷的！它可以像奇迹一样让一个企业从濒临破产的边缘重新焕发生机。同时，它也能够以一种全新的方式将我们熟悉的商品再次呈现在我们面前，让我们眼前一亮！然而，要想创新，不仅需要有超凡的智慧，还需要有独特的洞察力，再加上足够的勇气，能够迅速做出决策，不畏困难，不犹豫不决。只有当一个创新者具备这样几项优秀的品质时，才能够为企业的创新事业做出真正卓越的贡献。

## 作出的创新要为顾客带来价值

无论是什么样的产品，只有当它能够满足用户的需求，解决用户的痛点时，才能真正取得成功。微信之所以成功，是因为它可以通过语音发送消息。这个功能充分利用了人们懒惰的特点，让用户使用起来非常方便，进而带来了愉快的体验。

QQ通讯录之所以成功，是因为它能够将通讯录同步到云端。这样一来，不仅可以方便地批量处理通讯录，还能避免通讯录丢失的尴尬情况。因此，使用QQ通讯录的用户肯定会感到非常方便。

消费者确实需要新的产品、新的技术和新的功能。然而，创新必须从消费者的需求出发，产品设计理念应该面向广大消费者，以便让他们方便和放心地使用，而不应该只是一味地追求标新立异，制造一些没有实用性，只有噱头的产品。

国外的一个网盘产品经理有一个想法：设计一个新的网盘。然而，他对于这个产品能否真正满足用户的需求感到不确定。于是，他没有做任何与产品设计相关的工作，只是把此网盘的产品大概形态和操作流程拍了个视频放到网上，统计需要此网盘的用户数量，需求量达到一个数量级别后产品经理才开始进行产品的设计和开发，这样就避免了产品设计出来后没有人用的恶果。

无独有偶，国内某皮鞋批发商专门去各个皮鞋批发地拍摄各式各样的皮鞋照片，然后通过邮件等方式发给朋友、网友等，看看哪种皮鞋需求量最大。等有人想购买皮鞋时，这个批发商再去批发地购买，然后卖给终端用户。

这两个例子告诉我们一个很重要的事实：在设计产品之前，应该先弄清楚这个产品成功的概率，用户是否会喜欢它。在有一定把握的时候再开始动工！

创新要为顾客带来价值。在流行创新的今天，只有为顾客带来价值的创新才能真正实现市场价值，也才能实现创新的最终目的。

在2010年1月27日的苹果公司新品发布会上，当乔布斯以他那一贯的穿着风格——黑衣蓝裤，出现在大家面前时，所有人的目光都被他手上的那个东西吸引住了。它看起来像是一台笔记本电脑，但实际上更像是一个巨大的手机。它就是iPad，这个产品真是太吸引人了，完全颠覆了消费者对科技的认知。

在过去的10年里，消费者见证了许多知名品牌如三星、惠普甚至微软推出的平板电脑，它们功能强大，试图成为笔记本电脑的替代品。但令人惊讶的是，市场对它们的反应并不热烈，更没有引起太多人的兴趣。

然而，乔布斯却取得了巨大的成功。他创造出一种产品，比传统的笔记本电脑更加亲切，同时又比智能手机更加强大。这是乔布斯对iPad的定位，他认为iPad是一款革命性的设备，将改变人们对电脑的使用方式。他希望iPad能够成为一种更加便携和易于操作的工具，使用户能够随时随地轻松进行各种任务。他强调了iPad的多功能性，不仅可以浏览互联网、收发电子邮件，还可以播放音乐、观看电影、玩游戏等。乔布斯相信iPad将成为人们生活中不可或缺的一部分，将改变人们的生活方式，给人们带来更多的便利和乐趣。iPad是一款非常实用的设备，可以玩游戏、听音乐、画画、看电影，甚至还可以用来写一些东西。它的体积非常小巧，只有不到25厘米的长度，重量也只有680克，厚度仅为1.25厘米，就像一本大书一样。这意味着消费者可以随时将它放进包里，并随时拿出来使用。更重要的是，它解放了用户的一只手，用户只用一只手就可以完成对它的操控，很多购买者甚至将iPad带入厕所。

从消费者角度出发，洞悉消费者内心真正的需求，是在创新产品之前需要做的基础工作。只有这样，新技术才能从科研成果的陈列品中走出来，进入消费市场和大众生活，也才能为企业注入新的活力、带来新的盈利增长点。

## 创新企业文化，才能在商业竞争中稳步前进

企业文化是企业的灵魂，看不到摸不着，却能够以无形的方式引导企业朝着良好和快速发展的方向前进。很多公司都有自己独特的企业文化。有些公司非常注重诚信，强调员工要诚实守信，做事光明磊落；有些公司则以人为本，关注员工的需求和福利，努力营造一个关爱员工的工作环境；还有一些公司非常重视团结协作，鼓励员工之间互相支持和合作，共同实现目标；而一些公司则推崇自由宽松的工作环境，鼓励员工发挥创造力，自由表达想法。

随着时代的不断进步，现代企业对于发展企业文化的需求变得更加迫切。如果想稳步发展，企业必须营造一个良好的工作氛围。

有一天，有个人在高山上发现一只幼鹰，他把它带回家并把它放在鸡窝里，与一群小鸡一起成长。幼鹰以为自己和小鸡们一样，每天都和它们一起啄食谷物，在草地上玩耍，晚上一起睡觉。渐渐地，它忘记了自己是一只鹰，即使羽毛长出来了，仍然只能像其他成年的鸡一样，用扑棱着翅膀的方式飞上树枝，然后在树上找个地方睡觉。这个人有点着急，好好的鹰变成了鸡，这岂不是失去了鹰的真正价值！他反复思考后认为，鹰应该生活在适合它的环境中。于是，他站在高山之巅，将那只鹰用力扔了出去。鹰发现许多和自己一样的同伴，便迅速展开翅膀，飞向高空。

这个故事告诉我们，环境会对个体产生重要影响。无论是鹰还是人，都如此。一个人所处的环境，对他的发展和成长至关重要。和什么人在一起，

就会成为什么样的人。在企业中，如果每个员工都充满积极进取的态度，努力工作，那么将能够营造出一个充满活力和动力的工作环境。即使是一个缺乏进取心的员工，也会很快加入积极工作的行列。如果一个企业的工作环境充满懒散和不积极等各种负面因素，即使一个勤奋努力的员工也会失去动力，变得毫无目标感和成就感。

华为成立于1987年。2014年销售收入达到465亿美元，净利润达到44.9亿美元。华为企业文化与其他企业不同，被称为狼性文化。蒲松龄在《聊斋志异》中写到狼的性格，称它们贪婪、凶残、狡猾。然而，这只是一个寓言故事，真正的狼就像《狼图腾》中所描述的那样，非常聪明敏捷，擅长战斗，善于团结，而且不怕面对艰苦的外界条件，总是想方设法去实现自己的目标。很多民族会选择将狼作为图腾，一直学习狼所展现出的勇敢和智慧。华为公司创造出的这种独特的文化氛围，引导员工像狼一样充满竞争和进取心。这样的企业文化取得的效果非常好。

华为创业之初，并没有很好的条件。很多员工的办公室内放着一个床垫和一条毛巾。午休时，在办公室短暂地休息一下，然后马上投入工作。晚上会加班到深夜，攻关新的项目，甚至穿着工作服睡觉，第二天又会迅速进入工作状态。华为的狼性文化激发出员工们不畏艰辛、奋发向前的精神。正是这种文化力量，让公司在短短的时间内取得了惊人的发展成果。这样的努力不仅令人瞩目，更让华为连续三年蝉联深圳市高科技企业综合排名第一的位置。然而，华为在不断发展的过程中并非一帆风顺。早年，在我国的一些偏远地区，老鼠经常会咬断电线，导致很多顾客无法与外界保持通信联系。这是一个典型的自然灾害，从跨国电信公司的角度来看，这并不是技术导致的结果，因此不承担责任。然而，华为公司坚信这并非无法解决的问题。他们积极努力寻找一种可行的方法来避免这种情况的发生，并成功地研发出一种防啃咬线路的材质，制造出坚固、结实的设备，为受鼠蚁之害的人们提供了方便。

当日本"3·11"地震海啸发生时，福岛核泄漏的危险让很多人感到恐惧，纷纷逃离现场。然而，华为员工却展现出与狼一样的勇敢和无畏精神。

他们毫不犹豫地背起行囊，义无反顾地走向危险地带。面对着海啸、核辐射和地震，他们心中只有一个坚定的信念，那就是必须尽快抢修通信设备。当智利遭遇九级地震时，华为的员工们展现出真正的勇气和决心，他们毫不犹豫地冒着巨大的危险，奋不顾身地抢修通信设备。在喜马拉雅山，气候极其恶劣，华为员工迎难而上，他们像狼一样坚韧不拔，战胜了一个又一个困难。最终，成功地安装了全球最高的无线通信基站。在北极这个人迹罕至的地方，华为公司成功地部署了首个GSM网络，为科学考察人员提供了非常方便的通信方式。狼性善于部署，这种智慧刚好可以用在现代的商业市场中。华为在欧洲拓展3G市场时发现，欧洲的运营商们希望基站能占地小，更加低碳环保。华为是第一家提出分布式基站概念的公司，这个概念是基于一些要求而提出的。这种新式基站进一步降低了运营商部署成本，迅速地风靡欧洲市场。

尽管华为一直以来都强调敢于冒险、追求进取的狼性文化，但随着时代的变迁和社会的进步，人们对于生活品质也有了更高的期望。因此，华为的文化也逐渐融入了更多温情的元素。在2008年，华为公司决定设立首席员工健康与安全员一职，这个决定是为了更好地保护和关心员工的职业健康。此外，华为还设立了一个专门的健康指导中心，旨在确保员工的餐饮和办公环境符合健康标准，并提供健康和心理咨询服务。

一个企业的文化氛围对于企业的发展非常关键。如果企业拥有良好的文化氛围，能够积极地推动企业的发展。相反，如果企业的文化氛围不够积极、不够健康，就会限制企业的发展。随着社会的不断发展，企业文化也在不断变化。这就意味着企业不能一成不变地对待自己的文化，而是需要在适当的时候进行改革和创新。比如华为公司的文化被形容为"狼性"，意味着他们非常努力地工作着。然而，如果企业只顾着拼搏而忽视了员工的健康，那么长期来看是无法取得成功的。因此，为了满足员工的不同需求，华为公司在这个基础上采取了一种温情的方式。他们在企业文化中注重刚柔并济，既有紧张的工作氛围，也有放松的时刻。只有这样的企业氛围才能够真正满足员工的需求。